本研究得到了教育部人文社会科学研究一般项目青年基金项目“基于越南学习者需求和使用反馈的汉语学习词典学习功能实现研究”（18YJC740033）、2022年国际中文教育研究课题（22YH87D）的资助和支持。

面向越南汉语学习者的学习词典编纂研究

金沛沛◎著

文化发展出版社
Cultural Development Press
·北京·

图书在版编目（CIP）数据

面向越南汉语学习者的学习词典编纂研究 / 金沛沛著. —北京:文化发展出版社，2024. 12. —ISBN 978-7-5142-4613-1

Ⅰ. H195

中国国家版本馆CIP数据核字第2024ZZ2642号

面向越南汉语学习者的学习词典编纂研究

金沛沛　著

责任编辑：安玉霞　　责任校对：岳智勇
责任印制：邓辉明　　封面设计：思享文化
出版发行：文化发展出版社（北京市翠微路 2 号　邮编：100036）
网　　址：www.wenhuafazhan.com
经　　销：全国新华书店
印　　刷：三河市中晟雅豪印务有限公司

开　　本：710mm × 1000mm　1/16
印　　张：12
字　　数：150千字
版　　次：2024 年 12 月第 1 版
印　　次：2024 年 12 月第 1 次印刷

定　　价：59.00 元
I S B N：978-7-5142-4613-1

前　言

PREFACE

学习词典是为满足第二语言学习者学习需要而编纂的参考书。1976年，北京语言学院首次编写了供外国人学习汉语使用的《汉英小词典》，它可以看作1949年后国内出版的最早的一本汉语学习词典。之后，学者和编者一直努力围绕这类词典的关键词——“学习”二字下功夫，把词典是否具有“学习性”看作评价汉语学习词典质量优劣的一条重要标准。

从2013年起，我们就开始关注学习词典的类型学特征——“学习性”。2015年发表的《对外汉语学习词典研究30年》一文曾对1984—2013年30年间出版的汉语学习词典研究文献进行统计和分类，梳理了汉语学习词典未来研究的5个领域，包括：

（1）加强基于用户视角的汉语学习词典研究；

（2）摸索计算机技术在词典编纂中的实现途径；

（3）突破汉语学习词典反复研究而又解决不好的“热点”问题；

（4）加大对语用信息、文化信息、插图等“冷门”问题的研究力度；

（5）坚持词典文本分析、词典比较、理论解释和用户实证调查相结合的研究方法。

10年间，我们也针对这5个方面进行了一些粗浅的研究。2021年出版了《学习词典特征研究》一书，2018—2020年参与了北京语言大学杨玉玲教授牵头的融媒体汉语学习词典——JUZI汉语词条编纂工作，这两项工作分别从词典学理论和编纂实践对“学习性”进行了探索。正如苏新春教授2019年在其《学习词典学习性的三大内涵及对词典新形式的期盼》一文中提到的，“学习性”是一个有极强实践意义的课题，在有了自觉理论认识之后，还需要在具体的学习词典中一步一步予以落实。

本书恰是在前期研究的基础上，去摸索汉语学习词典“学习性”研究中更为具体的一个问题，即面对不同母语背景的用户，汉语学习词典的学习特征如何实现的问题。本书以面向越南汉语学习者使用的汉语学习词典为研究对象，深入调查母语为越南语的学习者对汉语学习词典选词、释义、例证、用法等信息及其呈现方式的需求，基于“从用户中来，到用户中去”的研究思路，确定突显对越汉语学习词典学习特征的途径。全书共分为九章：第一章到第二章阐明了本书的研究背景、写作缘由和理论基础。第三章基于“一带一路”建设的背景，调查了我国出版的面向共建“一带一路”国家的汉语词典，发现其中存在的问题，并提出应对之策。第四章调查了母语为越南语的用户对汉语学习词典信息选取和呈现的需求。第五章至

第七章基于需求分析调查的结果，以“中医术语”“语用信息”为例对汉语学习词典编纂进行了设计。第八章基于偏误分析理论的视角，对现有汉越双语词典中“离合词”“汉越词”的编纂情况进行了具体分析。第九章从国别化汉语学习词典编纂整体规划的视角，概括了对越汉语学习词典的国别特征。

本书是基于词典用户和编纂者二元互动研究范式的一个具体研究，通过了解越南汉语学习者的学习诉求，深化了学习词典类型学特征和功能的认识，旨在为其他非通用语种外语的汉语学习词典编纂提供理论支撑，服务中国文化“走出去”国家战略和“一带一路”倡议。

目　录
CONTENTS

1

研究缘起

1.1 越南汉语学习需求日益旺盛，中文学习纳入越南国民教育体系

自古以来，位于“海上丝绸之路”南线的越南就与我国地缘相近、人缘相亲，两国有着密切的联系，它与日本同属“汉字文化圈”，语言文化领域深受汉文化的影响。越南语保留大量汉语词汇及语法结构，其中汉越词在越南语词汇中占比高达60%（阮氏茶嵋，2020）。

自1991年中越关系正常化以来，伴随中国企业纷纷赴越投资，汉语成为越南的第二大外语（仅次于英语）。几十年来，随着中越两国经济文化交流的发展，尤其自从中越双边推进“一带一路”“两廊一圈”的发展与合作之后，越南学习汉语的人数日益增多，汉语教学研究也被高度关注。根据武清香（2019）统计，近几年，越南高校汉语专业毕业生的就业率越来越高，依据河内国家大学下属外国语大学、河内大学、外贸大学等高校的中文系中文专业就业率显示，汉语专业毕业生的就业率均达到90%以上。截至2021年，越南共有

50所大学设有中文专业。从2019年开始，越南孔子学院的国际中文教育形势也发生了重大改变，虽然只有一所孔子学院，但汉语学员人数增加近1000人，参与线上线下文化活动人数累计超10万人次，参加HSK（汉语水平考试）和HSKK（汉语水平口语考试）考试人数累计约2万人次，实现了跨越式增长，越南汉语学习者对单纯的中文和中国文化的学习需求正逐渐向基于中文的职业教育需求转变。（谢春辉、罗军，2022）2021年，越南教育培训部颁布了俄语、日语、法语和中文的普通教育计划，将这四种语言定为第一外语，并且列为必修课，按照普通教育课程和教科书改革路线图实施，这项政策的颁布意味着中文已经纳入了越南国民教育体系。（曾小燕、阮德英，2023）

1.2 越南汉语学习者偏误分析研究成果丰富

随着学习汉语人数的增多，近20年来，汉越语言对比研究的成果也呈上升趋势，尤其是基于中介语视角对越南汉语学习者语音、词汇、语法偏误进行研究的成果越来越多。中国知网2003—2022年20年间收录的面向越南汉语学习偏误的研究高达202篇。具体特点如下：

第一，偏误研究内容较为广泛，涉及越南学习者汉语语音、词汇、语法、汉字、语用和语篇偏误。图1-1是中国知网2003—2022

年收录的越南汉语学习偏误研究的主题词词频分布图，其中，“否定副词”“声调”“趋向补语”“介词”“汉字书写”等偏误是最受研究者关注的问题。

图 1–1　面向越南汉语学习偏误研究的主题词词频分布

第二，研究问题分布不平衡。其中，语法偏误研究成果最为丰富，涉及篇目占比高达 66%；影响言语交际得体性的语用偏误研究最少，占比仅 0.2%。语法偏误研究涉及了很多与汉语特点密切相关的研究，如离合词、量词、补语（尤其是趋向补语）、介词和副词的用法，这些问题在其他母语背景汉语学习者偏误研究中也同样是热点问题。

第三，研究者身份多为越南籍汉语国际教育硕士或越南籍汉语研究者，篇目比例为 58%。这在一定程度上说明，自身的学习汉语经历使其更容易关注到汉、越两种语言的差异，以及越南学习者汉语学习特有的难点。这也为词典用户研究提供了新的视角，面向越南汉语学习者使用的学习型辞书编纂应该关注这些研究者的成果，并以恰当的方式在词典中呈现出来，从某种意义上讲，这样做本身也是对用户需求的一种反馈。

1.3 用户导向的词典编纂研究日趋成熟

近些年，国内外语言学习词典编纂研究已经从“编者中心”转向“用户中心”。是否关注用户对词典的需求，已成为评判学习词典是否具有学习属性及学习功能的一大标准。在这方面，国内外英语学习词典研究早已走在了前面。

但是，多数的汉语学习型辞书编纂或研究仍是“编者视角”的（金沛沛，2015），这也是多数汉语学习型辞书被人诟病不好用、无人购买的重要原因之一，使得一些辞书成了“出版即死亡”的无效产品或“昙花一现”的短命品种（宋立文，2022）。章宜华（2011）的《基于用户认知视角的对外汉语词典释义研究》、解海江等（2015）的《对外汉语辞书调查与研究》曾对汉语学习者进行了较大规模的汉语学习词典需求调查，这些研究无疑推进了汉语学习词典用户研究的发展。

由于学习者的母语背景不同、汉语水平不同，所以仅仅关注学习者的词典需求还不够，词典编纂研究还应充分考虑不同母语背景和汉语水平学习者的汉语学习特点（中介语特点），并将之及时反映在词典的收词、释义、例证和用法说明的编纂中。汉语学习词典在这方面的研究不多。代表性的论述包括：张博（2015）详细论述了编纂“国别化”“语别化”汉语易混淆词词典的重要性。郝瑜鑫、邢红兵等（2010）从第二语言词汇知识发展的不同阶段入手，指出初中级水平学习者和高级水平学习者对学习词典的需求很不同，词典的编纂应该按照学习者的学习规律和学习需求进行。金沛沛、王帅（2021）通过对不同语别的大规模学习者进行问卷调查与访谈发现，适合中高级水平学习者的汉语学习词典应该收录更多能展现言语行为交际得体性用法的词语，突显语用信息是汉语学习词典学习特征的一个重要表现。

除此之外，在用户语言使用过程中检验词典的学习效果，也是词典用户研究的一种新思路。Tarp（2010）指出，学习词典要“帮助有更高要求的使用者进行有意识的和持续性的语言学习”。这其实是从用户视角对学习词典学习功能提出了更高的要求，即词典不仅要具有查询功能，还要具备促进语言持续学习并产生学习效果的功能。国外英语学习词典已经有了一些相应的实证研究，他们通常采用问卷调查、访谈、刺激回忆、有声思维等方法设计实验，根据用户使用词典中释义、例证等的效果，对词典设计是否具有学习功能做出判断，并对未来编纂提出建议。此类汉语学习词典研究十分少见，金沛沛、王帅（2021）借鉴了这种思路，针对不同国别的学习者进行了词典使用反馈调查，研究结论具有一定普适性。

1.4 融媒体词典编纂技术和人工智能技术成为实现学习功能的突破口

在数字化技术蓬勃发展的今天，媒体融合已成为信息生产和传播的主要方式，辞书作为一种信息储存和传播方式也必然走上融媒体发展的道路。2019年，中国辞书协会提出“融媒辞书”这一概念，这也促使国内词典编纂实现了跨越式的发展，李宇明认为“采用媒体融合理念和技术”，可以“创新传统的辞书规划组织方式、辞书的编纂方式、内容呈现方式和使用服务方式”①。章宜华（2019）指出融媒辞书对词典信息表征形式和送达用户方法的改变只是一种表象，在媒体融合要求下，图片、声音不再是附加内容，而是直接参与词典的释义，这种改变才是深层次的、实质性的，决定着词典能否实现融媒体功能。

除了理论探索，也有将这些理论付诸实践的探索，如王兴隆和亢世勇（2021）、杨玉玲（2022，2024）分别以《当代汉语学习词典》和JUZI汉语为例，对融媒词典的编纂实践进行了归纳总结。

如今，随着JUZI汉语等多媒体、融媒词典的出现，通用型汉语学习词典之前存在的释义方式单一、用法少等问题在很大程度上得到了解决，但是，随之而来的是一些融媒词典尚未解决的问题，容

① 出自李宇明2019年11月23—24日中国辞书学会第十届中青年辞书工作者学术研讨会上的发言。

量的无限是否意味着收录的词语越多越好，选取的用法信息越多越好？学习者如何能在纷繁的信息中快速提取到所需信息？词典如何更智能地服务学习者的个性化学习？学习性信息编纂如何实现“不足”与“超载”之间的平衡是一个值得深入探索的问题。

2022年年底，以ChatGPT为代表的生成式人工智能技术火爆全球，这也为学习词典从融媒词典走向智能词典提供了更多可能。可以利用推荐算法等人工智能技术手段对用户使用词典的日志进行追踪和分析，为用户使用和需求偏好“画像”，推荐个性化的语言学习服务，把用户从“大海捞针”般的词典信息搜索中解放出来。例如，同样是检索某个中医术语，人工智能技术赋能的融媒词典可以为想了解中医文化的用户提供术语背后的中医故事，为中医专业的用户提供术语的翻译、词源信息以及医书医案的书证，为想去中医医院问诊的用户提供针对应用场景的基本对话。对于研究者而言，他们也可以利用追踪到的用户使用数据，提高词典的质量。从这个角度来看，现代科学技术手段的运用加快了词典用户和编纂者的“和解”。

1.5 国别化、专科汉语学习词典稀少，与学习者的多元化需求不匹配

金沛沛、王帅（2021）的调查显示，汉语学习词典出版的数量和

种类日趋增多，但是目标用户分布不均，通用型汉语学习词典数量多，国别化汉语学习词典较少；汉外双语学习词典多集中在初级水平，忽视了中高级水平汉语学习者的需求。面向越南学习者的汉语学习词典非常少，目前已出版的纸质汉越词典主要包括《汉越词典》（张文景等主编）、《新汉越词典》（祁广谋著）、《汉越词典》（越南语言学院主编）等。越南汉语学习者常用的电子词典、在线词典或词典 APP，主要包括雒越词典、百度、Pleco、CVEDict 和 Hanzii，这些词典除了百度和 Pleco，其他都是越南籍编纂者发行的。它们在检索方面做得越来越好，比纸质词典更重视交互功能的设计。但是无论是纸质词典还是电子词典，这些词典更侧重解码功能，只是在一定程度上满足了初级汉语水平学习者的需求，中高级汉语学习者更需要的语法信息、语用信息和职业汉语学习所需的术语信息相对较少。

相应的研究成果也集中讨论通用型汉语学习词典释义、例证、用法学习功能实现的程度。汉越汉语学习词典的研究成果较少。越南籍学者刘汉武、郝瑜鑫（2013）的调查结果显示：①中国和越南已出版的学习词典都不能满足越南汉语学习者的需求；②最好的词典应该是由中越两国专家合编的；③初级阶段和中高级阶段的越南学习者需要不同内容和体例的词典；④越南学习者主要还是使用纸质词典。越南籍学者杜氏清顺（2016）的调查表明：①汉语水平越高的学习者越少用双语词典，有使用单语词典的倾向；②电子词典更容易受到学习者的青睐。这些研究为今后完善对越汉语学习词典编纂提供了一定依据，但由于受调查时间和范围的限制，调查问题并不全面，需要进一步调查和完善。

1.6 越南国际中文教育资源建设亟待加强

一般来说，同样作为国际中文教育资源，教材的发展往往好于词典。据《国际中文教育教学资源发展报告（2022）》统计，越南本土出版的中文教材高达299种，已经形成了一定的本土化特色，从数量规模上确实好于词典，但仍存在诸多问题，包括：①本土化特色不明显，使用的教材以中国出版的教材为主，包括北京语言大学出版的《汉语教程》《桥梁》，以及北京大学出版的《博雅汉语》等。②越南本土出版的教材以初级水平为主，中高级教材数量偏少。③已出版教材很难满足学习者的多元需求，面向职业需求的中文教材明显不足。

受疫情影响，近几年越南本土也出现了一些线上教学机构和资源。但是，越南汉语线上教学机构处于野蛮发展阶段，线上教学经验不足，线上教学资源质量较差，缺少权威机构或专业人员的审校与认定。汉语线上学习资源也出现了和词典编纂、教材编写相似的问题，包括：①学习内容缺乏系统性，出现断级的现象，有面向汉语零起点学习者的课程，但缺少面向高水平班学习的课程。②学习内容难以满足学习者多元化的需求。针对初级汉语水平的课程多，如日常交际、初中级 HSK 考试的课程最多，与职业中文相关的课程较少。③学习内容雷同现象明显，创新性不足，能在多个网站上看到相似的学习内容。④练习内容少。绝大多数中文学习网站没有设计专项技能的练习，学生学完之后不能通过练习来及时巩固新知识。（曾小燕、阮德英，2023）

由此可见，同样作为教学资源的中文教材、课程与词典编纂一样，也遇到了相似的问题，包括针对性不强、雷同度高、难以满足学习者的需求等。伴随“融媒词典”“智能词典”等概念的出现，作为国际中文教育资源的“词典”“教材”“课程”之间的界限日趋模糊，在大资源观的视域下增强资源之间的融通、融合已成为国际中文教育资源建设的重中之重。

综合上面六点原因，我们不难发现，一方面是越南本土中文热，越南人对于学习中文的热情很高，另一方面是已出版的汉语学习型词典及资源不好用，难以满足他们的多元化需求；一方面是针对越南汉语学习者的偏误研究日渐全面和深入，另一方面则是汉越学习型词典“学习功能”不足。这些都是不得不令我们深思的，用户针对性不强应该是导致这些词典、教材、课程无人问津乃至“问世即死”的重要原因之一。编纂者、出版方和研究者需要在“用户需要什么”这一方面有所作为，包括：如何满足“特定国别”在“特定使用情景”的词典使用需求；如何满足不同语言水平学习者的需求；如何提升编纂或编写技术，使得中文资源更好用。

总而言之，面向越南汉语学习者的学习词典编纂与研究实现学习功能需要做到以下几点：第一，应在深入了解用户的基础上细化实现学习功能的途径，具体可以包括选词立目、释义、例证、用法，尽可能全面了解学习者的词典使用现状和需求，从用户需求完善对越汉语学习词典学习功能。第二，在用户需求调查结果分析的基础上，不能忽视经验研究，高级水平汉语研究者的语言对比或偏误研究成果在一定程度上反映了用户语言学习的难点，从这些研究成果审视现有学习词典，并充分吸纳相应的成果，这本身也是一种词典用户视角的研究。第三，基于用户视角的词典评价，要考虑用户使用词典的情景（听、说、读、写、译），不同任务情景下用户对词典信息需求的“量”不同，充分考虑情景因素不仅可以使用户快速查询到信息，也可以更客观地评价词典。本研究认为，综合以上三个视角的词典用户研究，才有可能做到用户与编纂者之间的真正“和解”，而这也是本研究的思路，是在金沛沛、王帅（2021）基础上对国别化汉语学习词典“学习性”研究的进一步探索。

2

理论基础和方法论

2.1 理论基础：功能词典学理论

功能词典学理论是21世纪初发展起来的新型词典学理论，研究阵地位于丹麦奥胡斯大学词典学中心，该理论的集大成者是该中心的词典学家Sven Tarp。理论的主要观点集中反映在Sven Tarp于2008年出版的著作《界于知识与非知识之间的词典学：学习型词典通论》里。

功能词典学理论认为，不论何种词典都是为了快捷地满足用户对特定信息的需求而设计的，例如获取某一学科的知识。因此，词典检索的需求主要取决于用户所需场景的特征，这就要求词典向用户提供的信息数据必须符合实际场景，并因用户类型差别而异。换句话说，词典设计要符合用户使用词典的场景，即是为了产出抑或接受信息？是为了获取专科信息还是一般词语信息？不同的需求决定了词典的设计特征不同。正如Tarp（2014）所说："词典功能可以解释为词典为了满足特定场景的潜在用户的特定类型的信息检索需求而提供的帮助，而这里所指的帮助是通过将细致编排的词汇数据呈现给用户查询来实现的。”

功能词典学理论强调词典的功能，并将词典的功能分为四类：①交际功能：帮助用户解决与交际相关的各类问题（如听说、写作、阅读、翻译、备考等），用户在不同的交际情境中会有不同的信息需求，编纂者应该针对这些需求提供不同的信息呈现方式，奥胡斯大学词典学中心的《会计词典》便是实现这一功能的代表；②认知功能：帮助用户掌握某方面的知识，如专科信息；③执行功能：给出用户实用的指导，帮助他们完成一些与交际不直接相关的活动；④解释功能：帮助用户去理解非语言符号。（李睿、王衍军，2020）

由此可见，“功能”“特定用户”“特定情境”“特定的信息需求”成为该理论对词典（尤其是在线词典、专科词典）编纂最有意义的理论贡献之一。词典编纂者明确“特定用户”在“特定情境”下所需的“特定的信息需求”，可以快速为用户提供精准的词典信息。当然，这一理论并没有否定编纂者的经验、用户需求分析的价值，仅是从不同的视角去进行词典用户研究。

目前国内基于功能词典学理论展开的具体研究并不多见。袁方明（2022）基于该理论对 Pleco 的配例编纂提出了六条改进建议，包括：区分汉字类别；划分汉字及词语例的等级；使配例的英文翻译规范化；利用分级读物获取规范例证；基于 HSK 题目获取口语配例；通过载体布局提升配例区分度。叶莹（2024）基于功能词典学理论，从潜在用户、用户场景、用户需求和词典辅助四个方面评估了马礼逊的《五车韵府》，他发现，该词典的主要功能是交际功能和认知功能，交际功能体现在该词典满足了西方汉语初学者文本理解的需求，认知功能体现在为用户提供了字音、字形、字义及中国文化方面的知识信息。蒋文凭、邓琳（2024）对苹果应用商店2360个词典APP的调查研究发现，词典APP善于融合多检索手段，诸如拍物取词、文本扫描和用户身份等手段，丰富了用户查询场景，该研究虽没有明确提出理论基础是功能词典学理论，但在调研分析时已经关注到了词典编纂要充分适应场景。类似的研究还有梁鹏程（2021），他针对翻译情景对汉英学习型电子词典进行了设计。

本研究认为，词典用户对词典的使用常常伴随于特定语言学习任务情景，可能是专业术语的翻译或理解，也可能是某一工作情景的语用信息如何选择的问题。而我们现有的汉语学习词典，体系零散，没有形成面向不同汉语水平、不同国别用户的词典系列，在针对“特定情境”方面的设计也很不足，这也是本研究基于越南汉语学习者词典需求调查结果设计中医汉语学习词典的理论依据。

2.2 方法论：需求分析

需求分析理论起源于20世纪六七十年代，最初应用于专门用途英语教学领域，现在已经被应用到通用语言教学领域。需求分析可以用于了解学生对第二语言学习的需要，也可以分析学生学习过程中的薄弱环节。需求分析是开展第二语言教学的前提条件，是课程设计、教材编写、资源建设的基础。在一定程度上，需求分析也是一种调查方法，通常是通过问卷、访谈和观察等手段对被试需求进行研究的技术和方法（陈冰冰，2009）。

需求分析的理论基础是人本主义心理学，而人本主义心理学关注的是人的经验。人本主义心理学的代表性研究如马斯洛的需求理论，他将人类需求从低到高排分为九大需求。这种分层的理念也为需求分析理论提供了启示。具体到第二语言教学，需求分析理论强调学习者个人体验、感受、情感的重要性，具体到教学设计或学习资源建设，研究者不仅要考虑学生的创造性，还要考虑到学生的真实需求和发展期待。

Hutchinson & Waters（1993）提出了“目标需求”和“学习需求”两个概念。陈莉萍（2000）指出，目标需求以学习者目标为指向，具体包括“必需的”，即学习者要达到目标而必须掌握的知识和技能；“想要的”，即学习者认为自己需要掌握的知识和技能；“缺乏的”，即学习者已掌握的知识和技能及需要掌握的知识和技能之间的差距。学习需求则是以学习客观环境及条件为导向，是学习者为了学会某种目标语言而必须做的一切。

近些年，国内汉语学习词典编纂日益重视对用户需求的调查分析。目前已有学者对美国汉语学习者（郝瑜鑫，2013）、韩国汉语学习者（于晓霜，2017）、德国汉语学习者（周涵，2017）、泰国汉语学习者（李秀翠，2016）、蒙古汉语学习者（冰素，2018）、印尼汉语学习者（李翠芳，2019）、巴基斯坦汉语学习者（王爽，2020）、越南汉语学习者（刘汉武、郝瑜鑫，2013；杜氏清顺，2016）进行了词典需求调查。在偏误研究方面，仅以面向越南语汉语学习者的研究为例，2013—2022年间中国知网收录了202篇论文。但遗憾的是，这些研究成果并没有及时转化到国别化辞书用法信息的编纂中来。

本研究也将借鉴需求分析理论的调查方法，同时反思金沛沛、王帅（2021）问卷调查的经验，对学习者的目标需求进行了调查。通过问卷调查学习者的需求，了解学习者要达到哪些语言使用方面的目标；同时调查学习者对词典语言信息的需求，即学习者想从词典中获取哪些语言信息，期待以什么样的方式呈现信息。

3

“一带一路”视角下的小语种汉语学习词典出版和编纂情况调查

3 “一带一路”视角下的小语种汉语学习词典出版和编纂情况调查

越南位于“海上丝绸之路”的南线，伴随“一带一路”建设的高速发展，越南和许多“一带一路”沿线的国家一样，与中国合作越来越密切，汉语也被纳入越南国民教育体系之中。为了使汉越学习词典研究更具整体观和普适价值，我们认为，研究对越汉语学习词典需要将之放在整个“一带一路”建设的背景之下。

3.1 面向共建“一带一路”国家编纂汉语词典的整体情况分析

2023 年是“一带一路”倡议提出的第十周年。十年来，越来越多共建“一带一路”国家的人学习中文。这些国家的语言国情复杂，官方语言涉及 50 余种，加上区域内的少数民族语言，可能达到 200 种左右（李宇明，2015）。通用型汉语学习词典越来越难以充分满足不同国家学习者的需求，词典编纂者需要重视学习者的母语背景，编纂针对性强的汉语词典。

本课题以中国国家图书馆·中国国家数字图书馆网站、商务印书馆官网和外语教学与研究出版社网站为信息源，调查了我国出版的面向共建“一带一路”国家的汉语词典。结果显示，目前已经出版了专门面向共建“一带一路”国家的系列双语词典（如《“一带一路”社会文化多语图解系列词典》，上海外语教育出版社出版），然而也同时发现，这些词典存在针对性弱、学习功能不够强大、类型偏少等问题。

3.1.1 词典出版情况分析

与国别化教材相比，面向单一母语背景学习者的词典编纂则显得动作迟缓（张博，2007）。本次调查采用王辉、王亚蓝（2016）针对64个共建“一带一路”国家官方语言调查的结果，在中国国家图书馆·中国国家数字图书馆网站、商务印书馆官网和外语教学与研究出版社网站，分别以“汉（共建“一带一路”国家官方语言）词典/字典”为检索项（例如：“汉俄词典”），调查语种共52种[①]，文献类型选择“图书”，时间限定在两个范围，一个是到2023年出版的所有数量，一个是“2013—2023年”“一带一路”倡议提出这十年间的出版数量，然后进行检索。检索结果如表3-1：

① 王辉、王亚蓝（2016）对64个共建“一带一路”国家的官方语言进行了调查，去掉重复的语言一共53种，英语虽是一些“一带一路”国家的官方语言，但以往对汉英词典的研究较多，故本次调查范围不包括“汉英词典”。

表 3-1　2013—2023 年 汉外词典 / 字典出版情况

语种	通用类	专科类	专项类	2013—2023 年间出版数量
马来语	6	1	0	4
葡萄牙语	7	1	0	4
他加禄语	3	0	0	0
老挝语	4	2	0	2
缅甸语	5	1	0	4
高棉语	0	0	0	0
柬埔寨语	3	1	0	2
泰语	10	1	0	5
泰米尔语	2	0	0	1
印尼语	9	2	0	7
越南语	11	2	0	8
蒙古语	9	3	2	7
乌尔都语	7	1	0	6
宗卡语	0	0	0	0
迪维希语	0	0	0	0
孟加拉语	2	0	0	2
尼泊尔语	4	0	0	3
僧伽罗语	2	0	0	0
印地语	4	1	0	3
哈萨克语	4	7	3	6
俄语	17	19	6	9
塔吉克语	2	0	0	2
土库曼语	0	0	0	0
乌兹别克语	4	1	0	5
波斯语	7	1	0	4
阿拉伯语	23	8	2	8

续表

语种	通用类	专科类	专项类	2013—2023 年间出版数量
普什图语	4	0	0	3
阿塞拜疆语	3	0	0	3
格鲁吉亚语	1	0	0	1
希腊语	3	0	0	1
土耳其语	5	1	0	4
亚美尼亚语	1	0	0	1
波斯语	6	1	1	4
希伯来语	5	1	0	2
阿尔巴尼亚语	4	0	0	3
爱沙尼亚语	1	0	0	1
保加利亚语	4	0	0	3
波兰语	3	0	0	2
波斯尼亚语	1	0	0	1
塞尔维亚语	5	1	0	3
黑山语	1	0	0	1
捷克语	3	0	0	2
克罗地亚语	4	0	0	3
拉脱维亚语	4	0	0	3
立陶宛语	2	0	0	2
罗马尼亚语	10	0	1	8
马其顿语	2	0	0	2
斯洛伐克语	3	0	0	2
斯洛文尼亚语	2	0	0	2
匈牙利语	4	0	0	3
白俄罗斯语	2	0	0	1
乌克兰语	4	0	0	1

我们根据检索结果，将词典按照收词范围分成三类，分别是通用类、专科类、专项类。通用类词典是收词范围广泛、对立目单位进行全面解释的词典。专科类词典收词主要包括专业术语、学科词汇或行业词汇，如大数据、经贸、铁路、军事等。专项类词典指只收录某一类型的语言单位，如近义词、惯用语、成语、谚语、缩略语等。从表 3–1 可以看出，通用类词典明显多于专科类词典和专项类词典，这是因为通用类是最常见的词典类型，使用范围广，覆盖人群多。出版专科类词典最多的语种是俄语，涉及科技、外贸、经贸、地质、翻译、船舶、建筑、时事、计算机、医学等多个学科或领域。2021 年出版的《大数据百科术语辞典》是面向外国汉语学习者学习大数据的双语词典，覆盖语种 20 个，涉及共建“一带一路”国家官方语言 15 个，该系列词典对大数据知识体系进行梳理，覆盖大数据基础、战略、技术、经济、金融、治理、标准、安全、法律等 9 个方面。调查结果还显示，已出版的词典中专项类词典数量最少，覆盖语种也最少，且多属于成语类词典。

3.1.2 词典编纂特点分析

特点一：出版数量日益增多，覆盖语种日趋丰富。

经过调查分析发现，除了面向马尔代夫的“迪维希语”、面向不丹的“宗卡语”、面向土库曼斯坦的“土库曼语”编纂的词典为零，面向共建“一带一路”国家官方语言的汉语词典已基本全部覆盖。汉俄、汉阿词典的编纂数量相对较多，这很大程度上是因为俄语和阿拉伯语是联合国工作语种，也是不少共建“一带一路”国家的官方语言。从商业角度看，词典作为一种商品，较大的语言使用人群会催生相应的词典编纂与出版，以满足潜在的市场需求。

汉越词典的数量在所有面向共建“一带一路”国家出版的词典中位列第三位，仅次于汉俄词典和汉蒙词典。

在面向这52个语种出版的词典中，48个语种在2013年后出版发行了词典，针对孟加拉语、阿塞拜疆语、格鲁吉亚语、爱沙尼亚语、波斯尼亚语、斯洛文尼亚语、黑山语和立陶宛语等8个语种编纂的词典则是从2013年后实现了“零”的突破，这也从侧面印证了“一带一路”倡议提出后国家对国别化汉语词典出版开始重视。

特点二：多遵循整体规划，以系列工具书的方式出版。

面向共建“一带一路”国家使用的汉语词典多是以系列书籍的方式出版，包括:《汉语800字》(64语种对应版)、《汉语图解词典》及《汉语图解小词典》(76语种对应版)、《汉外分类词典》(18语种对应版)、《精选外汉汉外系列词典》(17语种对应版)、《“一带一路”社会文化多语图解系列词典》(18语种对应版)，覆盖了很多共建“一带一路”国家的官方语言。从出版效率的角度看，以一本词典为蓝本，进行多语翻译，极大地提高了工具书的出版速度和影响力。

其中，上海外语教育出版社自2017年起推出的《“一带一路”社会文化多语图解系列词典》是专门面向共建“一带一路”国家人群使用的多语种词典，该系列词典的特点在于根据语义关系将词目按主题分类编排，以图释词，并以英语作为媒介语，充当其他语种与汉语之间意义联系的中介。

特点三：呈现出“词汇手册”的样态。

这些词典多数缺少例句、易混淆词辨析等用法信息，呈现出“词汇手册”的样态，词典更像一个两种语言之间的词汇对应表，即使用用户的母语对被释词进行对译，这种词典还停留在早期汉语学习词典编纂的水平[①]，包括《精选外汉汉外系列词典》《汉语800字》等。

《汉语图解词典》《汉语图解小词典》《“一带一路”社会文化多语图解系列词典》等词典出现后，虽然解释词语的手段增加了图片这一辅助手段，有些词典甚至在某些主题场景补充了例句，但是，这些词典本质上还没有摆脱“词汇手册”的样态，没有学习型词典应具有的搭配、易混淆词辨析等用法信息。

特点四：以兼具双向功能的双语词典居多。

双语词典编纂涉及两种语言，无论编纂还是查询都存在方向性的问题，为了满足更多用户的查询需求，双向型双语词典的外汉部分通常为国内用户学习外语设计，汉外部分则为国外用户学习汉语设计，如俄汉—汉俄词典。在本次调查中，我们发现有不少词典具有双向功能，如《精选外汉汉外系列词典》。有一些词典虽然没有严格按照双向功能编排，但是附有汉外、外汉索引，实际上也具有了这

① 一般认为，新中国成立后最早的汉语学习词典是1976年北京语言学院编纂的《汉英小词典》和《汉法小词典》，两部词典都呈现出“词汇手册”的样态。

种功能。这类词典可以覆盖更多人群，但受体例制约，一般收词规模不会太大。

3.1.3 词典编纂存在的问题

问题一：国别化特色不突出。

众所周知，面对国际中文教育形势的新变化，我们不能希冀一部词典能够覆盖各个母语或国家背景学习者的需求。上述调查结果显示，我国出版的双语词典已经覆盖了大部分共建“一带一路”国家的官方语言。但是，简单翻译的语别化并不等同于真正意义上的国别化，不能仅仅在母本基础上对不同语种词目进行简单翻译，需要为不同母语背景的汉语学习者“量身定制”词典，这种词典应该充分体现学习者在汉语语音、词汇、语法及汉字学习方面的难点。

这些年，调查某一国别背景人群的汉语词典需求，或者是研究某一母语背景学习者汉语偏误的文献并不少。国别化词典需求方面，目前已有学者对部分共建“一带一路”国家的词典用户需求进行了调查，涉及德国、泰国、越南、蒙古、印度尼西亚、巴基斯坦等多个国家。在偏误研究方面，仅以面向越南语汉语学习者的研究为例，2003—2023 年间中国知网收录了 202 篇论文。但遗憾的是，这些研究成果并没有及时转化到国别化词典用法信息的编纂中来，大量易混淆词仍是汉语学习者的“拦路虎”。

以汉越词典为例，这些词典功能基本实现了词条的翻译功能，但搭配、易混淆词等语法信息，招呼语、客套话等语用信息普遍缺失。

词典类型出现断级现象，面向人群集中于初中级汉语水平的越南学习者，几乎没有考虑到以职业为导向的中高级汉语学习者的需求。

问题二：专科词典、专项词典出版规模小。

近年来，“中文 + 职业技能”教育成为国际中文教育领域的热点问题，伴随共建“一带一路”的高质量发展，沿线国家急需会说中文、懂中国文化和了解专业技术的复合型人才。国际中文教学资源是辅助人才培养的助推器。2021 年《“中文 + 职业技能”教学资源建设行动计划》、2023 年《职业中文能力等级标准》相继出台，作为教育资源的重要类型——专科汉语词典编纂与出版仍在起步阶段。

以本次调查为例，相较于通用型汉语词典，面向共建“一带一路”国家需求的专科词典编纂在数量规模上明显不足，共 56 部，仍有 30 个语种尚未出版专科词典。覆盖的专业领域也不够广泛，如职业需求旺盛的物流、高铁等方面的专科词典仍属于空白领域。除此之外，词典收词规模、术语翻译等也存在一些问题。

以汉越专科词典为例，类型仅局限于军事、铁路领域，这与中越两国交往历史背景不无关系。旅游中文、经贸中文、医学中文领域的工具书并不多见，也没有出版成语、惯用语等专项类词典。

问题三：词典智能化不够。

在电子词典发展需求的助推下，传播学术语“融媒体”进入了词典编纂的视野，其核心内涵是“信息生产系统的数字化使信息内容能够跨越媒体边界进行传播”（章宜华，2022）。因为受限于篇幅，纸质词典的出版要考虑到很多因素，如收词规模、编纂体例等，融媒词典则突破了纸张开本规模等因素的限制，收词规模、呈现样态、使用的模态手段都有了本质的变化。

根据调查结果，面向共建“一带一路”国家使用的词典中传统的纸质出版物仍是主体，这些纸质词典在释义手段、词典发音等方面做了一定程度的创新，如《汉语图解词典》等图解类词典使用图片释义的方法，并多使用语义分类的方法编排词目。《大数据百科术语辞典》利用大数据多语种语音库实现智能化有声点读。但是，这些词典与现代科技手段结合仍不够紧密，未能充分利用新型介质的优势实现词典的学习功能和知识服务功能。

小语种工具书的用户，跟国际通用语英语的用户比起来，数量确实非常有限，词典出版的经济效益不足。但在“一带一路”倡议的影响下，其社会效益不可限量。除此之外，语言文化的多样性、文化交流的需要，也离不开这些语种词典的编纂发行以及相应的国际中文教育资源的建设。在这种情况下，面向共建“一带一路”国家的词典选题与编纂需要做好相应规划，将所有相关的词典当作一个有机的整体，而不是局限于某一部（或多部）词典或者某个语种词典的探究（元青，2013）。

3.2 “一带一路”视域下汉语学习词典编纂的反思与应对之策

“一带一路”已成为海内外新闻媒体的热门话题、图书出版的重要选题以及科学研究的重点课题。在这种情况下，面向共建“一带一路”国家的词典选题与编纂需要做好相应规划，通过各种途径和科技手段，打造精品国别化汉语词典，为“一带一路”倡议辐射更广阔的区域做出贡献。具体说来：

应对之策一：以汉语学习难点为集中突破点，加大已有第二语言习得研究成果向国别化汉语词典编纂的转化力度。

首先，进行大数据导向的词典需求调研，归纳不同国别汉语学习者对词典形态、信息收录与呈现方式的偏好。其次，基于偏误研究成果、中介语语料库和学习者社区用户反馈，汇集不同语言背景的学习者汉语学习的难点，构建高频易混淆词、高频易错字等动态数据库，从语言对比和学习策略两个方面分析原因，并进行有针对性的描写和解释，在归纳共性偏误的同时，重点提取典型的特异性偏误。在词典编纂中，强化特异性偏误用法信息的呈现，彻底消除词典的蓝本效应及“同质化”倾向，深化国别化汉语词典的内涵。

应对之策二：深入调研共建“一带一路”国家职业中文需求，打造“中文＋职业技能”系列词典。

首先，面对共建“一带一路”国家汉语学习者学习需求职业化、领域化的发展趋势，词典编纂在选题方面，应基于需求调查的结果，优先出版用户急用盼学的专业门类所需要的专科词典。其次，编纂内容方面，收词应参照《职业中文能力等级标准》，收录职业门类必需的专业词汇；专业词汇翻译以行业标准为依据，例如中医汉语词典可以参照《WHO西太平洋地区传统医学名词术语国际标准》，同时组建多领域跨学科的专家团队，提升术语编纂质量。最后，呈现方式充分考虑职业工作情景的实际需求，打破传统词典词条编纂设计的束缚，收录单位与语言功能项目相结合，增加对话例、情景对话视频以及交际文化知识。

应对之策三：充分利用现代科技手段，研发具有泛在学习功能的融媒体多语种学习平台。

第一，应在现有纸质词典的基础上进行资源整合，充分利用原有纸质词典中的图片等模态资源，补充音视频资源，实现词典多媒体化乃至融媒体化，解决“不易懂”“不好用”等关键问题。第二，可以将词典与教材、分级读物和课程资源相融合，实现国际中文学习资源一体化，将词典功能从查考扩展到知识服务领域，满足用户在不同场景下的泛在学习需要。第三，利用推荐算法等技术手段对用户使用日志进行“画像”，追踪用户偏好，为其推荐个性化的语言学习服务；合理运用生成式人工智能技术，将词典转化为虚拟语言练习伙伴，提升词典的交互功能。

4

用户词典使用和需求的调查问卷设计和结果分析

4.1 问卷设计和实施过程

为了改善汉越词典的质量，提升词典的学习功能，满足学习者的需求，我们在刘汉武、郝瑜鑫（2013）、杜氏清顺（2016）面向越南汉语学习者词典需求调查的基础上，基于金沛沛、王帅（2021）的研究范式，以及借鉴国内外越南汉语学习者偏误研究的最新成果，重新设计了针对越南汉语学习者词典使用和需求的问卷，调查问题更全面，更具针对性，也更有时效性。

问卷主要包括五个部分。

第一部分为用户基本信息调查，主要调查被试的语言和语言学习背景、是否华裔身份、生活状态、汉语学习时长、当前语言水平和语言学习动机。

第二部分是用户词典使用评价调查，主要调查经常使用汉语词典的用户所拥有词典的数量、类型或名称、获取词典的来源，以及对已使用词典的评价。评价的维度共 24 项，这些维度的设计，参考了最近几年研究者所阐述的“学习性”和“融媒词典”特征，从词典内容、交互设计两大方面设计问题。

第三部分是调查用户词典使用的策略，一共10题，包括调查用户学会使用词典的途径、词典使用的场景、检索信息的类别、词典使用和语言学习的关系、词典使用的自我评价等方面的问题。

第四部分是调查用户对词典信息的需求，主要从越南汉语学习者语言使用角度，从汉语语音、汉字、词汇、语法、语用五个信息维度设计问题，共28题。

第五部分是调查用户对上述信息呈现方式和手段的偏好程度，共19题。

问卷调查始于2019年下半年，在天津中医药大学国际教育学院教室进行，调查对象主要是当年来天津中医药大学留学的越南学生，即该校合作办学院校——越南传统医药大学的大学生，问卷介质为纸质问卷。后考虑到这些学生的语言水平普遍在中高级，专业背景和学习动机较为单一，2020年下半年至2021年，调查组又以问卷星的方式面向北京语言大学、越南本土高校汉语学习者发放问卷，发放问卷达133份，回答全部问题并有效的问卷有87份。

4.2 被试基本情况分析

调查问卷使用越南语，并在问卷开头设计提示语，在很大程度上保障了网上被试皆为母语为越南语用户的真实性。

其中，这些被试只有 4 人为华裔身份。56.32% 的被试是学生，19.54% 的被试正在工作。他们所学专业或从事的工作有中医、针灸、经济、国际关系、新闻、语言学、汉语国际教育、旅游、翻译、管理、教师等。

被试学习汉语的时长从 1 个月到 10 年以上不等，其中学习汉语 4 年的人数最多，共 20 人。多数被试皆有在越南本土和中国学习汉语的经历，其中填写在中国学习汉语的人次是 66 人，在越南本土学习汉语的人次是 63 人，仅 1 人在其他国家学习汉语。74.71% 的被试正在学习汉语。汉语水平如图 4–1 分布，中级汉语水平者最多，占 51.72%。62.07% 的被试参加过 HSK 考试。

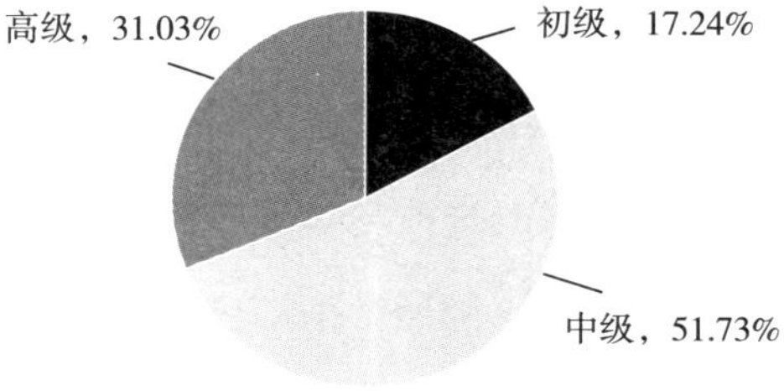

图 4–1　被试汉语水平分布图

我们根据被试填写的“学习汉语的原因”的关键词做成了词云，发现“喜欢中文”“留学中国”“就业机会多”或者“为了专业学习”是他们的主要学习动机，如图 4–2。

图 4-2　被试学习汉语动机词云

这些动机既包括为了融入中国文化而产生的融入型动机，也包括为了日常交际需要、辅助专业学习或是提高就业率的工具型动机。需要值得注意的是，在词典信息编纂规划中，编者需要考虑到用户的学习动机，从某种意义上讲，学习动机会影响学习产品的选择。依据功能词典学理论，在词典信息的选取与呈现方面也应该参考动机所用的场景，以便提供相应的功能。例如，满足日常交际所需的词典收词不宜太多，但要收录能够提高其交际能力的语用信息；满足专业学习的词典应该提供相关专业领域的术语；满足文化需求的词典呈现方式要“多模态化”“实景化”，通过“文字 + 图片”“文字 + 视频”等多模态形式呈现，通过感性直观、喜闻乐见的音视频传播方式，在小小的词条中为用户讲好“中国文化故事”。

4.3 词典评价结果分析

这一部分调查主要调查了使用汉语词典的被试对汉语词典的评价。其中：

拥有 1 部汉语词典的被试占 54.03%，有 2 部汉语词典的被试占 10.34%，还有 35.63% 的被试拥有 2 部以上汉语词典。仅有 24.14% 的用户（21 人）使用纸质词典，其他大部分用户只使用手机 APP、在线词典或者电子词典。在填写“获取这些词典的渠道”这一问题时，57.47% 的被试词典是自己选择的，13.79% 的被试词典是老师推荐的，28.74% 的被试词典是朋友推荐的。

大部分被试其实并不能准确说出自己所常用的词典的名称，写的基本都是“Từ điển Hán -Việt”（汉越词典），这可能是某部汉越双语词典的名称，也可能仅指被试所使用词典的类型，这也从侧面说明，即便到了中高级汉语水平，大部分被试仍不会选择单语词典。在填写词典名称的被试中，他们经常使用的词典有 CVEDict、Pleco 和百度，这些都属于在线词典，其中 CVEDict 是由越南人 Hung Phuoc Tran 设计的汉越双语词典，已于 2021 年停止更新版本，止步于 4.0.1，评分为 4.4（满分为 5 分）。近一年据笔者的课堂观察，很多越南用户更常用的在线词典是 Hanzii，由 Linh Nguyen 开发，提供汉越、汉英、汉韩、汉日四个语种版本，评分为 4.7（满分为 5 分），当前版本为 3.3.3。

表4–1是用户对常用词典的评价结果，按照“完全达到”到“完全达不到”（从4分到0分依次递减）评价。我们主要基于当前对词典“学习性”“融媒词典”特征的研究成果，从词典的内容、交互设计两个维度设计问题。换句话说，其实就是请用户从“易查”“易懂”“易用”“满足个性化学习”去评价所用词典是否具备“学习性”（金沛沛，2015）。其中，问题“1、2、3、4、7、8、12”与“易查”有关，问题“10、11、13、19、20”与“易懂”有关，问题“5、6、9、14、15、16、17、18”与“易用”有关，问题“21、22、23、24”与“满足个性化学习”有关。经统计，用户对词典评价的总体分值不高，平均分仅有2.23分，其中“易查”方面的平均分为2.95，“易懂”方面的平均分为1.94，“易用”方面的平均分为2.23，“满足个性化学习”的得分为1.52。评分最高的前五项分别是“携带方便”“价格适中”“便于检索”“义项多”“收词多”，这体现出了早期在线词典相较于纸质词典的优势。评分最低的后五项分别和“文化知识”“练习”“HSK考试等级”“插图”“搭配”有关。事实上，在线词典不受空间的局限，可以适度增加一些用户需要的“文化知识”“搭配”信息，以“插图”的方式呈现信息更是便于用户理解，增加“练习”“HSK考试等级”可以满足用户在不同场景的学习。

表 4-1 被试对常用词典的评分结果

序号	评价问题	平均分（满分 4）
1	带着很方便	3.29
2	词典免费或者非常便宜	3.17
3	词典排版清楚、美观	2.83
4	检索很方便	3.01
5	有汉字书写笔顺的展示	2.36
6	汉字或词有人工发音	2.3
7	收词很多	2.91
8	词语收录的意思很多	2.94
9	标出词性，并且很准确	2.56
10	翻译很准确	2.54
11	解释所查词的语言容易理解	2.8
12	例句很多	2.52
13	例句的语言容易理解	2.52
14	例句清楚地展示了词语的意思和用法	2.66
15	有近义词用法的说明	2.3
16	有反义词的说明	1.93
17	有词语搭配的说明	1.76
18	有词语使用场合的说明	2
19	有补充说明词义或用法的插图	1.24
20	有汉语文化的介绍	0.6
21	可以帮助我扩大词汇量	2.26
22	可以帮助我复习汉语的词汇	2.14
23	有一定的练习	0.78
24	标注HSK考试等级	0.93
总计		2.23

4.4 用户查询策略结果分析

在这部分，我们主要调查了被试学会使用词典的途径、检索信息的类别、词典使用和语言学习的关系、词典使用自我评价等方面的问题。其中：

55.17% 的被试通过教师指导学会了如何使用汉语词典，11.49% 的被试是通过朋友学会使用汉语词典的，33.34% 的被试自学学会使用汉语词典。当我们问到“你是否会阅读词典的使用说明和方法”时，分别只有 4.6% 的被试选择“常常会”或“总会”，选择“有时会”“很少会”“不会”的被试分别占 32.18%、47.13% 和 16.09%。这和很多词典查询技能调查的研究结果一致，说明在词典查询技能方面，国别的差异性并不明显。结合前面的调查结果以及被试常用词典的特点，原因可能有三点，一是被试已经跟老师学会了如何查阅词典，二是所使用的词典没有使用说明或方法介绍，三是被试不重视词典说明的使用。

我们调查了被试在不同言语技能情景和不同学习环节中使用词典的频率，这是两道多选题①。在“听”“说”“读”“写”“译”语言应用情景下，74.71% 的被试在阅读时会使用词典，56.32% 的被试在写作中会使用词典，58.62% 的被试在翻译中会使用词典，42.53% 的被

① 多选题选项百分比结果为，该选项被选择次数除以有效答卷份数，多选题比例之和大于 100%。

试在听时会使用词典，39.08% 的被试在说时会使用词典。其中，“阅读”“翻译”“写作”三个情景是选择人数最多的。功能词典学理论将用户所面对的主要情境分解成接收、产出、翻译，汉语学习者因阅读或“听”的困难而查阅词典属于接收情境，因写作或“说”的困难而查阅词典为产出情境，“翻译”情境则既涉及信息接收，也包括信息产出。词典信息的呈现方式应根据用户在不同情境中的特殊需求，如此，不仅可以帮助学习者快速找到信息，也可以调和词典版面不足与信息超载之间的矛盾。

如图 4–3，超过半数的被试在“课后做作业或练习”时使用词典，这说明即便是已经学过的语言知识，学生仍需借助词典完成学习，提升词典这一“无声的老师”的“易懂”“易用”“易查”功能就显得尤为重要。

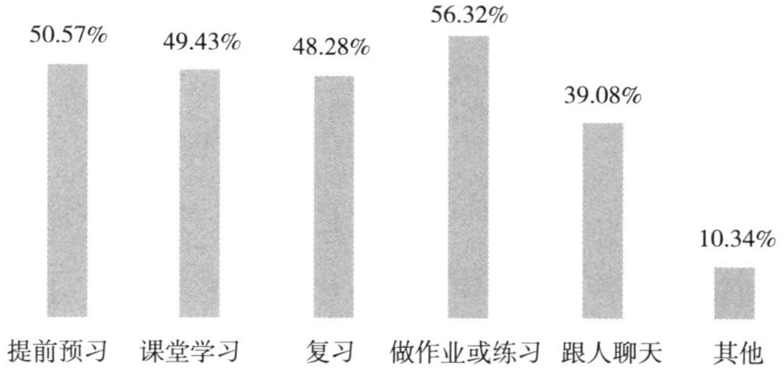

图 4–3　被试在不同学习环节使用词典的频率

在“你使用词典主要查什么”这一多选问题上，我们结合被试汉语水平因素进行了分析，结果如表 4–2。我们发现不论被试处于哪个阶段的语言水平，查询词义和读音都是学生使用词典的主要目的。随着语言水平的提升，学习者也会使用词典了解词的用法，中高级水平的越南用户除了查询字的写法、读音和词义，也经常查询搭配和近义词辨析等信息。

表 4-2 不同汉语水平被试使用词典主要检索的内容（人次 / 比例）

	字的写法	读音	词义	搭配	近义词	文化意义	词性	其他
初级	5（33.33%）	8（53.33%）	13（86.67%）	2（13.33%）	1（6.67%）	2（13.33%）	1（6.67%）	1（6.67%）
中级	19（42.22%）	29（64.44%）	41（91.11%）	21（46.67%）	14（31.11%）	7（15.56%）	13（28.89%）	0（0.00%）
高级	6（22.22%）	15（55.56%）	26（96.30%）	10（37.04%）	6（22.22%）	6（22.22%）	7（25.93%）	0（0.00%）

我们从词典使用和语言学习的关系这一角度调查了被试查询词典的策略。当查询词典遇到多义词时，51.72% 的被试会结合例句选择，29.89% 的被试会将每个义项都看完再做选择，10.34% 的被试会选择第一个义项，向老师或朋友寻求帮助的并不多，这和被试经常在课后使用词典不无关系。被试倾向于结合例句选择合适的义项，这就提示编者要重视在例句中呈现词语的搭配并提供准确的语境。

对于调查问题“你大多数情况如何判断词语的用法”的回答结果，50.57% 的被试选择看例句，其次是看词语对应的翻译和词性。

当调查问题是“查过的词你会总结在一起复习吗”时，最多的被试（37.93%，共 37 人）选择“有时会”，22.99% 的被试选择“常常会”，22.99% 的被试选择“很少会”，11.49% 的被试选择“不会”，只有 4.9% 的被试选择“经常会”。现在很多手机 APP 汉语词典都具备了单词本的功能，旨在帮助用户把被查词汇总在一起，便于以后复习，但仍有近三分之一的被试几乎不利用词典这一功能来帮助自己学习汉语。

对于“我认为我可以熟练地使用汉语词典”这个和词典使用自我评价有关的问题，有 60.9% 的被试表示“同意”和“非常同意”，但也有 35.6% 的被试选择“一般”。

对于“通过使用汉语词典，培养了我独立学习汉语的能力”这个问题，88.5% 的被试表示“同意”和“非常同意”，这说明学习者在日常学习中离不开词典的使用，这也在一定程度上提示编者要重视提升词典的交互设计效果。

4.5 词典内容需求结果分析

这一部分的设计依照金沛沛、王帅（2021）的需求分析设计问卷，将题目设计成两类，一类是调查学习者对语言各项目的重视程度，一类是调查学习者对词典选取这些语言项目的需要程度。为了避免词典术语影响被试理解，我们尽可能使用通俗易懂的语言表述，并配以相应的例子。

4.5.1 语言学习目标分析

语言学习目标调查是要了解学习者对掌握不同语言要素（包括语音、词汇、语法、汉字、语用文化等方面）的重视程度。我们按照李克特五度量表的方法让学生从“非常重要”到“不重要”五个维度判断，其中“4”代表“非常重要”，“0”代表“不重要”。结果如下表4–3：

表 4–3　被试语言学习目标调查结果

<table>
<tr><th>类别</th><th>问题</th><th colspan="2">平均分</th></tr>
<tr><td>语音</td><td>1.掌握标准的汉字发音</td><td>3.69</td><td>3.61</td></tr>
<tr><td>汉字</td><td>2.掌握汉字书写的顺序</td><td>3.02</td><td>3.02</td></tr>
<tr><td rowspan="3">词汇</td><td>6.掌握汉语词语的基本意思</td><td>3.66</td><td rowspan="3">3.5</td></tr>
<tr><td>8.掌握专业领域的汉语词汇</td><td>3.49</td></tr>
<tr><td>14.掌握大量的汉语词汇</td><td>3.38</td></tr>
<tr><td rowspan="4">语法</td><td>3.掌握汉语词语的典型搭配</td><td>3.24</td><td rowspan="4">3.3</td></tr>
<tr><td>4.掌握易混淆词的异同</td><td>3.37</td></tr>
<tr><td>12.掌握汉语语法的规则</td><td>3.34</td></tr>
<tr><td>13.掌握汉语词汇的构词规律</td><td>3.24</td></tr>
<tr><td rowspan="5">语用文化</td><td>5.掌握汉语词语的使用场合</td><td>3.23</td><td rowspan="5">3.3</td></tr>
<tr><td>7.掌握汉语词语的文化意义</td><td>3.36</td></tr>
<tr><td>9.掌握汉语中面对不同对象、不同场合的言语行为表达法，使自己的汉语表达更得体</td><td>3.34</td></tr>
<tr><td>10.掌握汉语称谓语的用法</td><td>3.24</td></tr>
<tr><td>11.掌握汉语中表达禁忌和避讳的方法</td><td>3.33</td></tr>
</table>

结果显示，语音、词汇、语法、汉字、语用文化几个维度所得的平均得分均在3分以上。由此可见，我们所总结的五个维度都受到了被试相当程度的重视。此外，学习者对语音和词汇最为重视，语法和语用文化次之。对学习者目标需求的调查结果为后续汉语学习词典语用信息编纂提供了一定依据。

4.5.2 词典内容需求目标分析

词典内容需求目标是要调查学习者对词典出现不同语言要素（包括语音、词汇、语法、汉字、语用文化等方面）的需要程度。我们按照李克特五度量表的方法让学生从“非常需要”到“不需要”五个维度判断，其中“4”代表“非常需要”，“0”代表“不需要”。结果如下表 4–4：

表 4–4 被试词典内容需求目标调查结果

类别	问题	平均分	
语音	1.标准的汉字发音	3.17	3.17
汉字	2.汉字书写的顺序	2.83	2.83
词汇	6.汉语词语的基本意思	3.34	3.3
	8.专业领域的汉语词汇	3.28	
	14.大量的汉语词汇	3.22	
语法	3.汉语词语的典型搭配	3.1	3.1
	4.易混淆词的异同	3.16	
	12.汉语语法的规则	3.1	
	13.汉语词汇的构词规律	3.01	
语用文化	5.汉语词语的使用场合	3.09	3.1
	7.汉语词语的文化意义	3.15	
	9.汉语中面对不同对象、不同场合的言语行为表达法，使自己的汉语表达更得体	3.08	
	10.汉语称谓语的用法	2.93	
	11.汉语中表达禁忌和避讳的方法	3.08	

结果显示，与语言学习目标稍有不同，需要程度最高的项目是“知道汉语词语的基本意思”，其次是“收录专业领域的汉语词汇”，

这14个问题中学习者对词典出现汉字笔顺、称谓语用法的分值低于3（代表“需要”），但明显高于2（代表“一般”）。从“语音、汉字、词汇、语法、语用文化”五个维度整体来看，除了“汉字”，其他维度都高于3，其中“词汇”需求分值最高，这也与词典的基本功能相一致。这个结果直接证明了汉语学习词典释义“易懂”及收词“全面”的必要性。从功能词典学的角度看，被试对于信息接收这一情景的词典需求更高，这也为后续编纂设计中医汉语学习词典提供了依据。

对比语言学习目标结果，各项语言学习目标需求的平均得分均高于词典需求目标，即各项语言学习目标的受重视程度均高于词典对应信息的受重视程度。汉语学习者有比较强的需求去进行语言方面的学习，以提高自己的汉语水平，然而想从汉语学习词典中去学习语言知识的需求并没有那么强烈，这与金沛沛、王帅（2021）调查结果基本一致。但是，如前面的调查结果显示，多数被试也承认使用汉语词典提高了其自主学习能力。在教材、词典、慕课等国际中文教育资源日趋“融合”的趋势下，如何充分发挥教育资源的优势，培养学习者利用资源自主学习的能力，也是词典编纂研究值得思考的一个问题，而这也恰好是词典“学习性”的一个重要表现。①

① Tarp（2010：40）从语言学习过程的角度对学习词典进行了更为严格的限定，强调学习词典必须能够“帮助有更高要求的使用者进行有意识的和持续性的语言学习”。

4.6 词典呈现需求结果分析

在第二语言教学中，教材和词典其所包含的内容主要包括两个方面，一个是语言知识本身（内容），另一个则是语言知识表达（形式）（郑艳群，2015）。结合本研究调查对象的特点，我们认为词典信息也隶属于语言知识范畴，包括“选取”和“呈现”两个方面。如上一个小节，我们主要调查了被试对词典信息的需要程度，就属于“词典信息选取”方面。本小节，我们将会调查用户对上述信息（语音、词汇、汉字、语法、语用文化）呈现方式和手段的偏好程度，共 19 题。我们按照李克特五度量表的方法让被试从“非常需要”到“不需要”五个维度判断，其中“4”代表“非常需要”，“0”代表“不需要”。结果如图 4–4：

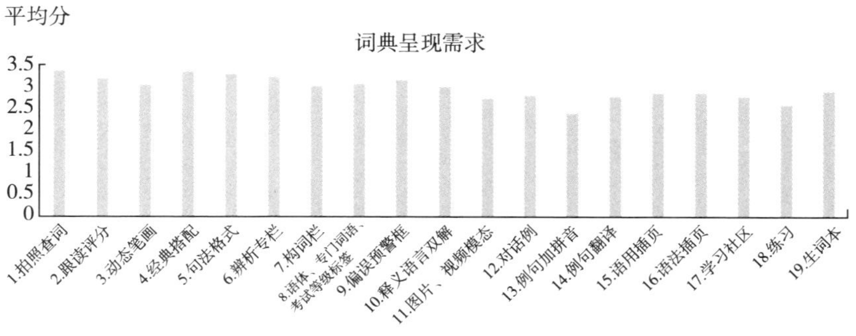

图 4–4　被试词典呈现需求调查结果

结果发现，问题 10—19 的结果均低于 3（代表“需要”），但均高于 2（代表“不太需要”），问题 1—9 的平均分都超过了 3。其中，被试需求最高的前五项分别是“可以拍照查词”“呈现典型搭配”“呈现句法格式”“设置易混淆词辨析专栏”和“具备跟读评分的功能”。这个结果说明我们调查的大部分语音、汉字、语法、语用文化等信息的呈现方式或手段是学生需要的，尤其是反映在“易查”“易学”两个特征方面。有一些呈现方式在本次调查的时间段，还没有出现在已有汉越词典之中，如在词条内部增设练习题，设置学习社区等互动功能，添加语用信息插页，以及综合运用多模态手段释义，这也在一定程度说明当这些呈现手段没有出现在词典中，学习者可能因为没有亲身使用而发表较为保守的意见。

5

用户需求视角下的汉语学习词典编纂设计

依据上一章需求分析的调查结果，本研究结合“中文+职业教育”的特点，以中医汉语学习词典为例，对如何编纂该类词典进行了调查和设计。

中医汉语教学作为专门用途汉语，是汉语第二语言教学中的一个重要分支，近年来随着国家对中医药越来越重视，中医药的国际影响力逐渐增强，中医汉语教学也逐渐成为热点，备受关注。2010年，时任国家副主席习近平在墨尔本理工大学中医孔子学院揭牌仪式上的讲话指出：“中医药学凝聚着深邃的哲学智慧和中华民族几千年的健康养生理念及其实践经验，是中国古代科学的瑰宝，也是打开中华文明宝库的钥匙。”截至2019年12月，全球已建立了15所中医孔子学院（课堂），78个国家的240多所孔子学院开设了中医药文化课程或体验活动，为越来越多的外国人打开了了解、认知中医药文化的大门。词典作为外国学习者语言学习或专业学习的必备工具，在传播文化（包括中医药文化）时具有天然的“润物细无声”的说服作用。

5.1 中医类词典出版情况分析

我们在“中国改革开放30年来大陆出版辞书信息查询系统”[①]中，以“中医”“中药”“中医药”为关键词对系统收录的中医类词典进行了检索和查阅，系统共收录了133种中医类词典。呈现出如下特点。

特点一：以单语类词典为主。

单语类词典共101种，其中代表性的词典包括人民卫生出版社发行的《中医大辞典》等。这些词典又可以分为专项类、专科类和百科类三小类，其中以专科类词典居多，共81种。

这些单语中医词典主要面向国内中医药专业的师生、临床工作者和研究者。释义语言多使用专业术语，语言难度较高，不仅不利于国内的中医药文化普及，更不便于中医药文化的国际传播。

特点二：双语类词典以汉英为主。

双语类词典32种，多是汉英词典，其中代表性的词典包括谢竹藩编写的《汉英中医药分类辞典》、李照国主编的《汉英中医药大词典》等。还有为数不多的汉英日中医词典或汉英法中医词典。

这些词典以汉语为源语言，提供相应的英语、日语或法语翻译。翻译方法主要包括音译法、意译法和直译法。这些词典可看作当时

① 该系统来自《中国辞书发展状况报告》(魏向清等著，商务印书馆2014年出版）附带光盘。

中医术语翻译实践的成果。例如李照国主编的《汉英中医药大词典》《简明汉英中医词典》，是其“薄文重医”翻译思想的集中体现。魏迺杰的《实用英文中医词典》也产生了较大影响，深受海外市场欢迎，其翻译思想为西方学者所接受（刘芳华，2020）。

5.2　中医词汇（术语）的特点

中医词汇绝大多数属于术语。术语是折射人类思维进化的一面镜子。自人类社会产生分工起，人类语言中就产生了一些只有少数人掌握的、记录专门知识的词汇。这一类特殊的词可以看成术语，术语和日常词汇的区别在于，前者具有严格限定的使用范围，具有指称专业知识领域客观对象的功能。正如俄罗斯术语学派代表人物格里尼奥夫（2011）提到的，术语是指称某一知识或活动领域的专业概念的词或词组，它是通过语音或文字来表达或限定科学概念的约定性语言符号。

现代术语学理论认为，术语要内容准确，即术语的意义要明确、清晰，不受语境制约。术语所指称的专业概念要借助科学定义加以确定，这是术语与普通词汇的本质区别。另外，术语最好是单义的，术语和概念之间的关系是单参照性，至少理想的术语应该是这样的。

而中医术语的独特性在于，它打上了中国传统文化的烙印并保留至今。例如，《黄帝内经》（姚春鹏译注，2022）中提到的“心者，君主之官也，神明出焉；肺者，相傅之官，治节出焉；肝者，将军之官，谋虑出焉；胆者，中正之官，决断出焉；膻中者，臣使之官，喜乐出焉。”它将“心、肺、肝、脾、肾”这“五脏”视为一个整体，相互关联、共同作用，把人体比喻成一个国家，根据五脏特点为其分配了“官职”，生动地阐述了各脏腑功能之间的关系。古人认为，“心”影响着全身血脉运行，是生命活动的主宰，在五脏六腑中占有重要的统领地位，故以“君主”比喻。中医所说的“心”，与西医里的“心”不完全等同，它既指心脏，也代表了“神明”，即意识、思维与情感等，它的功能状态决定了一个人的精神面貌。正如《黄帝内经》提出的“得神者昌，失神者亡”，意思是心一旦发生异常，就会影响到神志，出现失眠多梦、精神萎靡等症状，严重时甚至其他脏腑也会有危险，这恰好反映了中国哲学思想的整体观。

中医很多术语都具有多义性。以我们最熟悉的“气”为例，“气”的意义网络就是由日常意义向中医术语意义转化的术语化过程。术语意义包含日常知识和科学知识，二者相互联系、相互影响。“气”被引入中医科学后进一步发展，派生出多个意义。在中医理论中，“气”可以指大自然之气，包括天气、地气；还可指人体之气，包括元气；还可以指中药温热寒凉之气，以及致病之气，如疠气、淫气。通过对“气”的义项梳理，我们不难发现，古代的科技水平虽然不高，但是古代的传统医学理论是通过观察自身与自然界互动而产生的。在“天人合一”的哲学观的影响下，古人认为人体与自然界具有一致性，常借用自然现象来理解和解释人体的生理病理机制，然后在不断的诊疗中加以应用与证明。但由于所处年代思维与术语语言的限制，在仅能肉眼观测的时代，人只能用周边已知的事物来理解那些不清楚的事物。在不自觉的情况下运用比喻、想象和类比的方法，形成了一种基于认知隐喻的中医语言。（陈雪，2014）正如贾春华（2017）提到的，中医学从一开始就选择了以日常语言来阐释疾病的发生与发展。

但是，目前中医汉语教学中，针对这些术语的教学和资源建设是相对薄弱的一个环节。在通用型汉语学习词典中难以找到这些专业术语的术语义，有些虽然能查到，但又存在释义简单、交际功能不强等问题。所以，不管是从学的角度，还是从教的角度，编纂收录中医汉语常用词语的工具书都是当前急需解决的一个问题。

5.3　汉语词典收录中医词汇（术语）的调查分析

本节主要调查常见中医词汇（术语）在通用型及国别化汉语词典中的呈现情况，我们以外国学生常用且在应用商店评分较高的3部汉语在线词典Pleco、JUZI汉语、Hanzii为调查对象，同时，以《WHO西太平洋地区传统医学名词术语国际标准》这一国际标准为参照对象，调查词条共14个：“藏、阴阳、脏腑、经、气、神、升、风、证、问诊、虚、针灸、补”。选取词条的标准在于：（1）覆盖中医哲学、疾病、诊断治疗、养生、人体等涉及中医基础理论的各个领域。（2）词条出现频率较高。（3）选择的词条的义项既有中医术语义，也具有非术语义。

第一，在收词和义项选取方面，这3部在线词典均收录了这14个词，但是并不是所有词的中医术语义都被词典收录了。Pleco全部收录了这些词的中医术语义，大部分词的中医术语义用“CHINESE MEDICINE”的标签呈现。JUZI汉语仅选取“阴阳”“脏腑”“经”“气”“神”“风”“虚”“针灸”“补”这9个词的中医术语义，其中内置词典“万有知典条目库”还会以 < 中医 > 标签的方式提示该词或该义项与中医这一学科领域有关。Hanzii选取了“脏腑”“经”“气”“神”“针灸”“补”7个词的中医术语义。

第二，释义方法方面，Pleco和Hanzii采用双语翻译的方式解释词语，JUZI汉语内置词典“万有知典条目库”也采用了双语翻译的方式，但是内置词典“新时代中文学习词典”和“商务馆学汉语词典”采用的是“汉语解释 + 英语对译”的方式。对译释义法是双语词典常用的方法，其释义的基本目的在于，在一种语言的词汇单位与另一种语言的词汇单位之间，找出意义相等的对应词。我们参照《WHO西太平洋地区传统医学名词术语国际标准》这一国际标准考察了这3部词典双语翻译的情况。以3部词典都收录的“脏腑”为例，“脏腑”在Pleco中翻译为“internal organs including the heart, liver, spleen, lungs, kidneys, stomach, gall bladder, intestines, and bladder;

viscera”，在 Hanzii 中被翻译成“inner organs”，JUZI 汉语将之翻译作“internal human organs as a whole”，比对《WHO 西太平洋地区传统医学名词术语国际标准》的翻译“viscera and bowels”或“zang-organs and fu-organs”，3 部词典都基本将这一术语的主要含义翻译出来了，但是从“易懂”的角度看，Pleco 和 JUZI 汉语采用“对译 + 补充释义”相结合的释义方法更适合非专业学习的汉语学习者，Pleco 补充了“脏腑”的组成器官，JUZI 汉语则提示了这一中医术语是将人体内部看作一个整体，提示了文化背景义。而 Hanzii 的处理并没有站在中医学科领域视域下去翻译，容易使用户将该词和西医的“器官”画等号。

第三，从辅助释义的手段来看，学习词典通常使用更多的例证，或借助图片、视频等模态符号帮助用户理解。经调查，仅“针灸”一词在 3 部词典都出现了句例，该词在 JUZI 汉语内置词典“新时代中文学习词典”中还使用了图片释义法。其他词大部分没有配句例或词例。没有配置句例的一个重要原因是中医很多术语如今已不能单独使用，如“气”。但是从收词系统性的角度，和“气”有关的病症可以作为词例出现。从便于用户理解中医经典著作的角度，配以书证也是非常有必要的。

经调查发现，由于中医作为中国传统文化重要组成部分的特殊性，大部分中医词语属于文化局限词，在西方难以找到与其意义很接近的对应词。双语中医词典采用的对译法只能帮助学习者简单了解词语本身的语言学意义，忽视了对词语中医药文化意义的传达，同样不利于学习者对中医药文化的深入了解，更不利于中医药文化的国际传播。如《WHO 西太平洋地区传统医学名词术语国际标准》这一国际标准更适用于专业人士翻译或传播中医经典，从“易懂”“易用”的角度审视，这一标准并不友好。而单语中医词典释义语言难度大，例证少，非但不利于外国学习者理解，甚至可能会引起他们对中医词语的误解。

5.4 中医汉语学习词典的编纂设计

综合上述调查结果，本研究所设计的中医汉语学习词典属于外向型词典，适用对象包括即将或刚刚进入中医或医学专业的学生，也包括希望了解中医药文化或能够用汉语进行中医问诊的外国人。

这类词典除了具备一般词典所具备的科学性、工具性原则外，要格外突出词典的文化性、通俗性和实用性。为了达到这些目标，词典设计要充分揭示中医词汇的百科信息，综合利用多模态手段在语境中直观浅白地呈现这些信息。

5.4.1 中医汉语学习词典设计的原则

1. 百科信息充足原则

大多数中医双语词典对中医词汇的内涵（尤其是文化义）揭示不充足，在对词条翻译过程中普遍存在文化缺省的问题，这导致读者无法理解词语所传递的文化内涵（马振博等，2021）。

百科信息充足原则主要针对的就是这一问题。百科信息与人们的主观认识、背景知识、社会文化等因素密切相关。与一般词典相比，百科信息是在一般词典下定义之后对内容的进一步阐释，除了解释“是什么”之外，还要回答“什么时候”“怎样”“什么地方”和“为什么”等问题（王辉，2016）。具体到中医汉语学习词典词语的百科信息，可以从该词的出处、时代特征、类属、文化内涵等多角度充分阐释。

以代表中医基础理论的“阴阳”一词为例，依照《中医基本名词中英对照国际标准》《WHO西太平洋地区传统医学名词术语国际标准》两大国际标准，多数中医双语词典都将之翻译成“yin-yang”，如《新英汉中医学词典》（方廷钰，2013），没有提供该词所表达的哲学观念、中医观念、文化内涵，以及“阴阳”与人的身体、疾病之间的关系等百科信息。

中医汉语学习词典的百科信息除了在释义中体现，还可以在引证、知识框、插页、附录中呈现。充分揭示中医词语的百科信息有助于用户了解该词背后的中医文化观念，在一定程度上避免引起文化误读。

2. 多模态化原则

黄建华、陈楚祥（2003）指出文化局限词在译语中没有原语词所指的客观对象，翻译起来会产生一定的困难，必要时可以使用括注、图画。现有中医词典由于多是纸质词典，受篇幅和介质所限，仍以对译、音译或目的语描述为主。

本书提出的多模态化原则则主要针对这一问题。中医药文化存在着大量隐喻思维和表达，如“虾游脉”“溪谷”“山根”等中医词汇，是中医用认知活动获得的经验来表述常见的病因、诊治原则等新事物的体现（曹琳琰、张森，2016），如果借助图片、视频、音频、文字等多模态手段，能够更形象直观地呈现中医词语的隐喻表达。由此可见，多模态释义方法与中医词语有着天然的适配性。多模态化原则就是利用文字模态、声音模态、图形模态、触觉模态等多模态手段形象直观地展示中医词语的语言文化信息。

仍以“阴阳”一词为例，该词本义是指自然界中阳光的向背，在中医基础理论中，该词指人体各组织结构之间具有对立统一的阴阳关系，彼此对立制约又相互转化。在编纂这一词条时，一般中医双语词典多用音译的方式释义，没有把本义与中医特有的概念义建立起联系，不便于用户理解。依据多模态化原则，词典可以插入一些图片，呈现出该词从本义到引申义的联系。例如，可以先借助日光在山体向背的不同、白天黑夜的变化、冷热交替等动态图片展示阴阳的关系，再呈现一些由阴阳不调引发疾病的图片或视频，帮助学习者理解“阴阳学说”中“阴阳”的概念。

中医汉语学习词典多模态化不仅能够降低用户认知难度，提高其查阅效率，而且，随着学习者接受信息时调动的感官越多，心智对事物的意象就越趋于真实，感官体验达到最大化的同时，文化传播的效果也在不断增强（徐洁漪、席涛，2018）。

3. 情景化原则

目前已出版的中医词典侧重实现词典的解码功能，词条微观结构主要由释义构成，很少出现引证。加之中医词汇大多来自中医典籍，书面色彩浓，即便有引证，也多是短语例或来自中医典籍的书证，存在语境不足、语言难度高等问题。如上文提到的“阴阳”，很多中医词典都没有给出书证。再如《中医基础字词一点通》中“神”一词的例证之一“粗守形，上守神”，它源自《灵枢》首卷首篇《九针十二原》，如果对该典籍的背景信息不熟悉，就很难理解例证的含义。

情景化原则主要针对的就是现有中医词典引证匮乏、交际功能薄弱的问题。我们主张，除了释义编纂时尽可能多地提供词条的用法信息，还应该对中医药新闻报道、中医汉语教材、中医纪录片或影视剧的真实语料进行改编，编纂一些语言简单又能体现词语典型使用情景的引证，满足用户坐诊或求医问诊等交际需要。

除了通过引证提高词典的情景性，编纂者还可以适当提供一些中医问诊情景对话插页，提供词典的实用性。

5.4.2 中医汉语学习词典的设计思路

1. 编排

依据百科信息充足的原则，以及中医词汇的特点，我们认为中医汉语学习词典在词条编排上宜采用按义排列的方式，将所收词语分为“基础理论”“疾病”“诊疗”“中药”“典籍”“中医名家”等六大概念范畴进行编排。

义序编排有助于帮助用户建立特定的中医概念网络，从而激发词典用户的联想能力。如“基础理论”中“五行学说”的核心词是“五行”，包括“金、木、水、火、土”，这些词与人的五脏、五味有着密切的关系。按义序编排可以帮助用户建立系统的中医词汇网络。

2. 收词

一般汉语学习词典收词通常会参考汉语水平考试大纲或词汇等级大纲，但是目前尚未出台统一的中医汉语词汇等级大纲，也没有构建相应的中医汉语语料库。我们认为，中医汉语学习词典收词应立足于百科信息充足原则，一方面，参考现有中医汉语教材的收词范围，尽量多收录负载丰富文化意义的中医词语，尤其是一些反映中医文化观念的故事性强的成语或俗语，如“久病成医”“病入膏肓”等。另一方面，收录一些已经进入人们日常交际生活并与中医有着千丝万缕联系的词，如“气色”“面不改色”等与中医诊法“望诊”有着密切的关联。

除此之外，我们认为中医汉语学习词典收词还应充分考虑用户文化背景的多元化，在求同存异的基础上，多收入为国际社会接受度较高的中医词语，如“诊疗方法”类。对于尚存较大争议的中药方剂类术语，建议慎收、少收。

3. 释义

释义是词条微观结构的核心内容，编纂词条释义时通常会从释义语言、释义内容、释义方法三个方面进行设计。依据三大原则，我们认为中医汉语学习词典的释义语言不必拘泥于单纯依靠目的语描述或提供汉语对应词的做法，还可以采用双解的方式，即由原语和译语同时对词条及其语言文化信息进行解释。

在释义内容方面，建议按照不同中医概念范畴词的特点进行有针对性的释义。如“中医基础理论”类词语建议从理论的出处，基本观点，理论在疾病诊断、治疗、养生等领域的应用，词语的文化信息等角度去释义；“中医名家”类词语，建议从人物所处时代、人物故事、提出的中医理论等角度释义。

释义方法方面应充分利用模态信息，利用文字、图片、视频、音频等多方位展示词语的意义。如“灸”一词，就可以插入一段医生给病人艾灸的视频，用户一边听医生和病人的对话，一边观看医生依据病人穴位进行治疗，以便了解“灸”的含义、功能等。

除此之外，考虑到中医包含大量隐喻表达的语言特点，而隐喻离不开原型，建议采用从本义或基本义过渡到引申义的方式解释该词的中医概念义，这种方式更容易使用户建立词义之间的联系。如

《中医基础字词一点通》对“脏”的解释：

脏：古代写作“藏”，意思是把谷物收藏起来，有隐藏和贮藏的意思。引申为人体的内脏。内脏既是隐藏于人体内部的脏器，又是贮藏精气的场所。

4. 引证

一部词典中的引证应尽量兼顾口语和书面语、句例和对话例。根据情景化原则，中医汉语学习词典不仅要提供书证，帮助用户理解词语在中医药典籍中的意义，还要依据职业场景需求，提供交际性强的例证，提高词典的编码功能。如“治未病”一词的引证可以是一段对话例：

小王：你最近总是坐在电脑前，吃饭不按时，还经常熬夜，脸色都不好了，时间长了会生病的。

小李：是呢，我也知道这样不好，可该怎么做呢？

小王：要让自己的生活有规律，按时吃饭，早睡早起，多运动。这样就可以预防疾病的发生了，这也就是中医里提到的“治未病”。

小李：好，我听你的。

2019 年 12 月，孙春兰在国际中文教育大会上强调，要在语言教学中融入适应合作需求的特色课程，积极推进“中文 + 职业技能”项目，帮助更多的人掌握技能、学习中文。目前，全球已开设了形式多样、内容丰富的“中文 + 职业技能”特色课程，编写了相关教材。

但是，作为“中文 + 职业技能”学习的重要辅助资源——职业汉语学习词典尚未发行，即便是发展相对成熟的商务汉语、旅游汉语、医学汉语等领域，也几乎不涉及学习词典方面的编纂实践。通用型汉语学习词典只能满足用户日常必需词汇的查检需求，很难满足他们的职业交际需求。缺少专业领域教学资源也因此成为“中文 + 职业技能”教育体系建设的痛点、难点问题（教育项目研究组，2021）。本次调查以“中医汉语学习词典”为例，提出编纂该类词典的三个重要原则，以及在编排、收词、释义、引证等方面的设计思路，旨在抛砖引玉，希望未来能够编纂出一系列既能辅助汉语学习又能满足职业交际需求的“中文 + 职业技能”学习词典。

6

用户反馈视角下的汉语学习词典编纂设计

本章将以语用文化信息为例，通过调查汉语学习者对词典语用文化信息的接受度反馈来改善词典的编纂。研究设计参照金沛沛、王帅（2021）的研究方法。首先，基于语用文化信息偏误调查的结果，编纂若干有代表性的词条，其中包含语用信息内容。而后，使用这些词条对学习者进行接受度调查。[①]

6.1 词条选取

本书以“阿姨”“久仰”“小姐”“可能”“呗”等五个词条为例进行编纂。之所以选择这几个词条，是因为：①这些词条属于称谓语、招呼语、模糊限制语、语气词，词义含有语用信息。②这是越南学者关注较多的语用偏误现象（甘秀珍，2022；阮德仁，2021）。③需求调查问卷中，越南学习者常用的 CVEDict 在线汉越词典几乎没有

① 金沛沛（2019、2020、2021）曾以语用信息为例，不分国别对词典使用者进行了满意度调查，后受功能词典学理论影响，认为在不提供使用情境下请被试审视词条的质量，使用“接受度”这一概念更合适。

突显相应的语用信息，有的信息甚至是错误的。例如：“小姐”不属于尊称，也并非多用于外交方面；“阿姨”并非只适用于儿童称呼别人，成年人也可以使用；“可能”和“呗”的语用功能并没有在释义中突显出来。如下所示图 6–1 至图 6–5：

图 6–1　词条【阿姨】

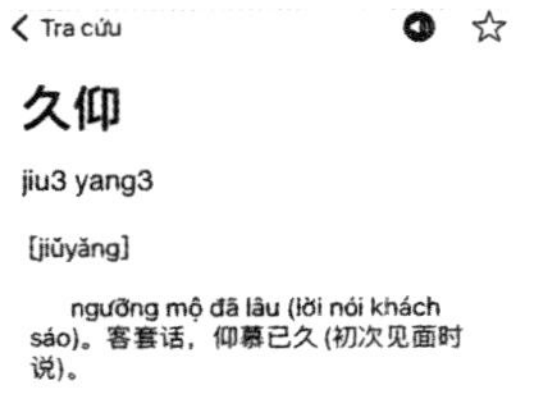

图 6–2　词条【久仰】

图 6–3　词条【小姐】

图 6–4　词条【可能】

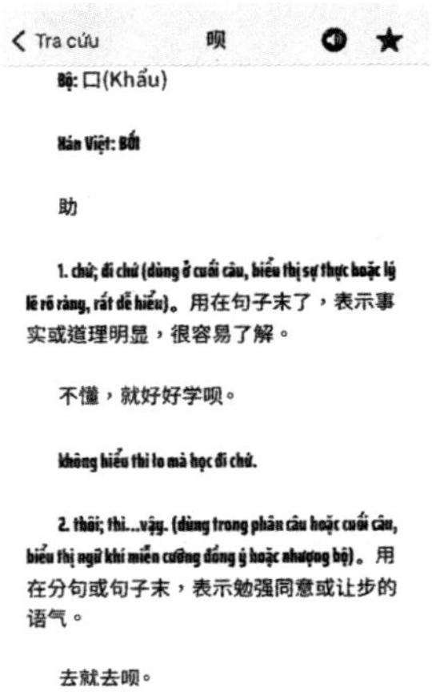

图 6–5　词条【呗】

6.2 词条编纂样例

根据上述词典调查的结果，我们在编纂词条时适度增加或突显了上述词条的语用信息，结果如下：

【阿姨】名词。（1）<称呼语>称呼和自己妈妈年纪差不多的女性。例：①阿姨好！②（在路上，A让孩子与同事告别）A：丽丽，我们该走了，跟张阿姨再见！B：张阿姨再见！（2）<称呼语>在家里以照顾别人、做家务为工作的女性。例：①阿姨，我们晚上带个朋友回家吃饭，您多炒两个菜吧。②他们家请了两个阿姨，一个看孩子，一个做家务。注意："阿姨"多用于非正式场合。可用于熟悉的人或陌生人，既可以当面称呼，也可以背后称呼。

该词条采用了<称呼语>的语用标签。在例证中，还通过"括注"来提示该例证发生的具体情境；通过"注意"来标示词条的场合信息和亲疏关系信息。

【久仰】<敬称>客套话，崇拜一个人很长时间了，第一次见面时说。例：①久仰您的大名，今天终于见到您了。②久仰贵公司的大名，有机会咱们多合作！③A：王教授，久仰久仰！B：哪里哪里。注意："久仰"一般用于正式场合。

词语库：久闻 | 久违

该词条采用了 < 敬称 > 的语用标签。例证中还通过“括注”来提示该例证发生的具体情境，采用“注意”来提示使用场合。为了帮助学生建立语用信息网络，以“词语库”的方式系联了其他相关同素客套话，如“久闻”“久违”。

【小姐】（1）< 称呼语 > 称呼年轻女性。例：①（服务人员帮助别人引路时）这位小姐，请跟我来。②（在饭店顾客对女性服务员说）服务员小姐，能给我一杯水吗？（2）< 委婉 > 妓女。注意：为了避免使听话人误解，在称呼年轻女性时可以在“小姐”前面增加职业或者姓氏，或添加表示尊敬的量词“位”。

新词新语：“小姐姐”的由来（短视频）

该词条采用了 < 称呼语 >< 委婉 > 的语用标签，在例句前用括注提示使用场景，并用“注意”提示使用场合。

【可能】（1）形容词。能够成为现实的。例：①看来提前完成工作是可能的。②根本不可能的事情发生了。（2）名词。能够成为现实的程度。例：①出现这种情况只有一种可能。②你觉得这件事有没有可能？（3）副词。表示不太肯定，估计。例：①今天可能会下雨。③他可能忘了这件事了。（4）副词。< 委婉 > 常用于有可能伤及对方面子行为（如拒绝、批评等）时，“可能”可以使自己的话更礼貌，不伤害别人的面子。例：①（朋友提出邀请）A：李哥，晚上能来参加聚会吗？B：我可能去不了。②（向别人询问意见）A：您觉得我的表演怎么样，能被录用吗？B：你的条件可能跟我们的要求还有一些距离。

本例直接选用了金沛沛、王帅（2021）的编纂样例，义项 4 是专门的语用义项，并采用了语用标签 <委婉>。例证也通过“括注”来提示该例证发生的具体情境。此外，有的例证中也采用了对话形式。义项 1、义项 2 和义项 3 参考了《商务馆学汉语词典》。

【呗】语气助词。（1）表示事实就是这样，谁都明白，不用多说的语气。例：①东西太贵就不买呗。②天冷就不要出去呗。（2）表示不太愿意或勉强同意的语气。例：①让我穿这件衣服我就穿呗。②你喜欢就买呗，我不管你。（3）常用于请求、邀请等言语行为中，表达轻松随意的语气，使说话人的言语行为容易被听话人接受。例：①（请朋友帮忙）A：你帮我借本书呗。B：好啊，没问题。②（向同屋提出邀请）A：我要去吃饭了，一起去呗。B：行啊。注意：“呗”常用于关系亲密的人之间。

本例直接选用了金沛沛、王帅（2021）的编纂样例，义项 3 是专门的语用义项，同时采用括注来提示人际关系信息。例证也通过

“括注”来提示该例证发生的具体情境。义项 1 和义项 2 参考了《商务馆学汉语词典》。

6.3 实验设计

我们招募了 10 名越南籍高级汉语水平学习者作为被试。调查步骤参考金沛沛、王帅（2021）、章宜华（2015）的研究设计，请被试对 3 个版本的词条进行接受度判断，其中包括上面的词条编纂样例（版本 3），不突显语用信息的词条编纂材料（版本 1），不采用多种呈现方式的词条编纂材料（版本 2）。正式调查均选择在安静不被打扰的教室，访谈形式为一对一，每位被试的调查时间约 30 分钟。材料如下所示：

版本 1

【阿姨】名词。（1）称呼和自己妈妈年纪差不多的女性。例：阿姨好！（2）在家里以照顾别人、做家务为工作的女性。

【久仰】仰慕已久。例：久仰您的大名，今天终于见到您了。

【小姐】名词。对年轻女性的称呼。例：这是一位小姐。

【可能】（1）形容词。能够成为现实的。例：看来提前完成工作是可能的。（2）名词。能够成为现实的程度。例：你觉得这件事有没有可能？（3）副词。表示不太肯定，估计。例：今天可能会下雨。

【呗】语气助词。（1）表示事实就是这样，谁都明白，不用多说的语气。例：东西太贵就不买呗。（2）表示不太愿意或勉强同意的语气。例：你喜欢就买呗，我不管你。

版本2

【阿姨】名词。（1）称呼和自己妈妈年纪差不多的女性。例：①阿姨好！②张阿姨再见！（2）在家里以照顾别人、做家务为工作的女性。例：他们家请了两个阿姨，一个看孩子，一个做家务。

【久仰】客套话，崇拜一个人很长时间了，第一次见面时说。例：久仰您的大名，今天终于见到您了。

【小姐】名词。称呼年轻女性。例：①这是一位小姐。②小姐，你好！

【可能】（1）形容词。能够成为现实的。例：①看来提前完成工作是可能的。②根本不可能的事情发生了。（2）名词。能够成为现实的程度。例：①出现这种情况只有一种可能。②你觉得这件事有没有可能？（3）副词。表示不太肯定，估计。例：①今天可能会下雨。②他可能忘了这件事了。（4）副词。常用于有可能伤及对方面子行为时，包括拒绝、批评等，“可能”可以表示委婉，使自己的话更礼貌，不伤害别人的面子。例：①今天的聚会我可能去不了了。②这件事我可能帮不上忙。

【呗】语气助词。（1）表示事实就是这样，谁都明白，不用多说的语气。例：①东西太贵就不买呗。②天冷就不要出去呗。（2）表示不太愿意或勉强同意的语气。例：①让我穿这件衣服我就穿呗。②你喜欢就买呗，我不管你。（3）常用于请求、邀请等言语行为中，表达轻松随意的语气。例：①你帮我借本书呗。②你跟我一起去呗。

6.4 调查结果分析

6.4.1 总体接受度统计分析

调查组对3个版本的语用信息处理模式进行统计分析，首先对3个版本的总体接受度进行统计。所谓总体接受度，指的是被试对不同版本接受度的总和，如前所述，每个版本包括了5个词条，每个词条又分为释义、例证、呈现手段三个维度，5个词条中每个维度的接受度之和，即被视为该版本的总体接受度。

本研究首先对3个版本的总体接受度平均值进行了比较（每个版本最高接受度为 $5 \times 3 \times 5=75$）。3个版本接受度递增。

本研究又对3个版本的总体接受度进行了LSD多重比较。经过LSD多重比较，结果显示：（1）版本1和版本2总体接受度之间存在显著差异（$P=0.00<0.05$）；（2）版本1和版本3总体接受度之间存在显著差异（$P=0.01<0.05$）；（3）版本2和版本3总体接受度之间存在显著差异（$P=0.018<0.05$）。

由此可见：（1）被试对版本2和版本3的总体接受度显著高于版

本 1。版本 1 和版本 2、版本 3 之间的最大差异在于是否突显了语用信息，这说明汉语学习者期待从词典中获得语用信息。（2）被试对版本 3 的总体接受度显著高于版本 2。如前所述，版本 2 和版本 3 之间的最大差异在于语用信息呈现方式的不同，版本 3 注重使用不同的呈现手段，这说明汉语学习者更期待词典运用不同的呈现手段来呈现语用信息。

6.4.2 释义接受度统计分析

我们进一步对 3 个版本的释义接受度进行统计分析。首先对 3 个版本的释义接受度平均值进行了比较（每个版本例证最高接受度为 5×5=25）。3 个版本接受度递增。经过 LSD 多重比较，结果显示：（1）版本 1 和版本 2 释义接受度之间存在显著差异（$P=0.00<0.05$）；（2）版本 1 和版本 3 释义接受度之间存在显著差异（$P=0.01<0.05$）；（3）版本 2 和版本 3 释义接受度之间不存在显著差异（$P=0.08>0.05$）。

结果显示：（1）被试对版本 2 和版本 3 的释义接受度显著高于版本 1。版本 1 和版本 2、版本 3 的释义之间最大差异在于是否突显了语用信息，这说明汉语学习者更期待从词典中获得语用信息。（2）被试对版本 3 的释义接受度并不显著高于版本 2。版本 2 和版本 3 在释义上基本没有差异。这个结果符合本研究的预期。

6.4.3 例证接受度统计分析

我们对 3 个版本的例证接受度进行统计分析。首先对 3 个版本的例证接受度平均值进行了比较（每个版本最高例证接受度为 5×5=25）。3 个版本接受度递增。经过 LSD 多重比较，结果显示:（1）版本 1 和版本 2 例证接受度之间存在显著差异（P=0.01<0.05）;（2）版本 1 和版本 3 例证接受度之间存在显著差异（P=0.02<0.05）;（3）版本 2 和版本 3 例证接受度之间存在显著差异（P=0.04<0.05）。

由此可知:（1）被试对版本 2 和版本 3 的例证接受度显著高于版本 1。版本 1 和版本 2、版本 3 的例证之间的最大差异在于没有例证或例证较少。（2）被试对版本 3 的例证接受度显著高于版本 2。如前所述，版本 2 和版本 3 在例证上的差异在于，一些例证采用对话体形式，并在例证中提示使用场景。这说明汉语学习者更期待词典提供对话体的例证，并在例证中提示使用场景。

6.4.4 呈现手段接受度统计分析

我们对这 3 个版本呈现手段的接受度进行了分析。首先对 3 个版本的呈现手段接受度平均值进行了比较（每个版本最高例证接受度为 5×5=25）。3 个版本接受度递增。经过 LSD 多重比较，结果显示:（1）版本 1 和版本 2 呈现手段接受度之间存在显著差异（P=0.01<0.05）;（2）版本 1 和版本 3 呈现手段接受度之间存在显著差异（P=0.01<0.05）;（3）版本 2 和版本 3 呈现手段接受度之间存在显著差异（P=0.00<0.05）。

从结果可知:（1）被试对版本 2 和版本 3 的呈现手段接受度显著高于版本 1。版本 1 和版本 2、版本 3 的呈现手段之间的最大差异在于没有收录或突显语用信息，因为缺乏语用信息的义项，版本 1 没有使用呈现手段，这可能是造成版本 1 接受度较低的原因。（2）被试对版本 3 的呈现手段接受度显著高于版本 2。版本 2 和版本 3 在呈现手段上的差异在于，版本 3 综合使用了一些呈现手段，如“注意”“标签”“括注”“语境提示”等。这说明汉语学习者更期待词典提供较为丰富的呈现手段来呈现语用信息。

本次调查词条虽与金沛沛、王帅（2021）不尽相同，调查对象局限于越南汉语学习者，但结果接近，这说明不同国别的汉语学习者对学习词典信息范畴的需求存在共性。考虑到母语负迁移导致的具体偏误分布不同，所以在语用信息范畴内部，收录哪些词以及选取哪些信息来呈现，不同的国别化词典应有所不同。

7

用户使用情景视角下的词典个案分析

依据功能词典学理论，词典编者明确“特定用户”在“特定情境”下所需的“特定的信息需求”，可以快速为用户提供精准的词典信息，这样既可以避免信息不足，又能防止信息烦冗。本章[①]基于前文调查中被试选择最多的“阅读”“写作”两个情景，对比 JUZI 汉语和 Hanzii 两部在线词典在不同使用情境下为用户提供信息的优势和缺点。

两部在线词典相同之处在于：①最近三年内推出的在线汉语词典，评分高，都在 4.5 分以上。② APP 界面都提供越南语翻译。③可以免费检索部分信息，使用全部词典功能需要按时收费。④多种内置词典，收词量大，达 2 万以上。

不同之处在于：①两部词典的编者身份不同，JUZI 汉语的编纂团队是商务印书馆的万有知典，编纂者基本是有经验的汉语教师；Hanzii 的编纂团队是越南的一家公司。② JUZI 汉语 APP 界面虽然提供越南语翻译，但内置词典目前仅有英语翻译。Hanzii 界面语言、词

① 此章曾以《用户使用情景视角下的在线词典个案对比分析》为题发表于《中文信息》2024 年第 1 期。

条内释义例证等信息的翻译都可以选择为越南语。

7.1 服务于阅读情景的JUZI汉语和Hanzii对比分析

根据章宜华（2015）的调查结果，在阅读情境中，学生首先选择“根据上下文猜测”，其次才是选择查询电子词典，再次是选择纸质词典，询问别人的占比最低。这是因为，查词典通常是用户在无法推测或需要确定被查词准确意思的时候才会使用，而电子词典收词量大，更新速度通常快于纸质词典。被查词可能是学生没有接触过的新词或者是语境中某个熟悉词的陌生义项。由此，我们从新词收录和义项编排两个角度去考察两部词典针对阅读情景的设计情况。

我们参照中国外文局发布的《中国话语海外认知度调研报告》、中国媒体“十大新词”、中越交往中新闻报道的关键词，选取“丝路、命运共同体、两廊一圈、支付宝、打赏、人工智能”六个涉及政治、经济、科技、生活领域的新词，调查其在两部词典的收录和呈现情况。结果发现，两部在线词典在收录新词方面都比较及时。Hanzii 收录相对更全，六个词全部收录；JUZI 汉语没有收录“支付宝、命运共同体、打赏、两廊一圈”。“命运共同体”“两廊一圈”和中越两国交往有关，通用型词典不收也属于正常现象。从词条信息的呈现来看，两部词典基本从帮助用户解码的角度编纂给出词条的对译词，但例句等其他信息较少。图 7–1、图 7–2 是两部词典对“丝路”的处理：

图 7–1 词条【丝路】在 Hanzii 的处理

图 7–2 词条【丝路】在 JUZI 汉语内置词典“万有知典”的处理

JUZI 汉语内置词典“万有知典”还提供了百科性释义，用英语简要介绍了“丝绸之路”的产生和范围，从翻译的角度来看，满足了编码和解码双重需要。

根据张雅、卢华国（2015）的调查结果，用户在查找词义时仅阅读部分义项的达到 81%，逐个看完所有词义的用户只占总数的 19%。多义词往往属于高频词，动辄十几项，而且学习词典在每个义项后会配有大量例句，这就使得词典用户不愿意花费大量时间看“不需要”的义项。以“打（dǎ）”为例，Hanzii 收录了 14 个义项，JUZI 汉语收录了 21 个义项。在义项内部信息呈现方面，Hanzii 的越南语对译词在上，汉语释义在下；部分义项提供例句，例句配有相应的汉语拼音和翻译，一个例句下面有“ Hiển thị thêm 1 ví dụ khác”（可以看 1 个例句）的提示；“打”的常用搭配不出现在这个界面，需要点击“词语搭配”按钮，需要滑动阅读；JUZI 汉语的释义方式为汉语释义，并提供相应的对译词，义项下面是具有该义项的词常用的句法格式或搭配，并在每个格式下方配有例句；例句的汉语拼音和翻译可以折叠，有的例句下方还有配图，需要滑动阅读，由于搭配和义项在同一界面，需要的时间可能更长。从搜索信息的效率来看，两个在线词典较纸质词典有所改善，但总的来说均不够友好，用户仍需逐条阅读释义、例证和搭配帮助判断。两部词典均有拍照取词和阅读器的功能，而我们在阅读文章时也通常会结合前后搭配词语理解，所以拍照取词的方式似乎可以解决在多义词界面“大海捞针”的问题。我们以“打醋”这个短语为例，在两部词典进行了检索，JUZI 汉语显示“暂无数据”。这是因为，虽然“打醋”这一搭配在“打”的词条内出现，但并没以词的方式被词典收录，所以依旧检索不到；Hanzii 搜索的时间也比较长。最终，用户只能以字为单位进行检索，即分别检索“打”和“醋”。它们均没有帮助用户快速解决“打”在“打醋”这个搭配语境中是哪个意义的问题。我们进一步询问了大语言模型同样的问题，结果发现，只需语音提问就得到了较快、较好的回复。具体如图 7-3：

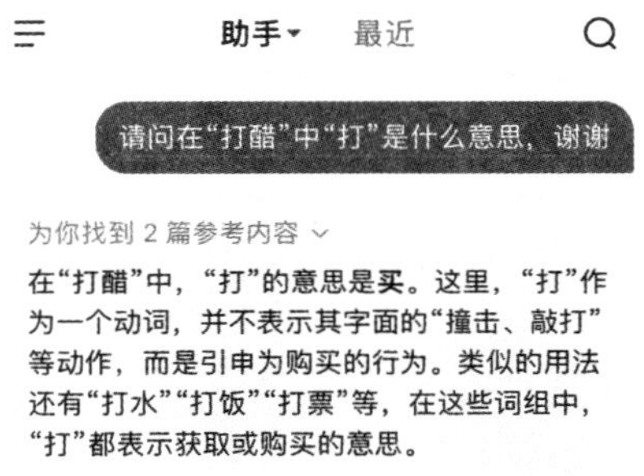

图 7-3 “文心一言”对“打醋”中“打”的解释

综上所述，两部在线词典相较于纸质词典，在辅助用户阅读方面有了一定进步，尤其是在收词数量和更新速度方面。Hanzii 在收词方面体现了国别特色，收录了和“一带一路”倡议以及中越两国交往的关键词。但是两部词典在帮助用户判断多义词义项方面，智能化特征不明显。

7.2 服务于写作情景的JUZI汉语和Hanzii对比分析

在写作情境中，用户一般需要查询词典汉字书写或协助判断词语使用是否准确的问题。两部在线词典都可以通过拍照提取相应的汉字，并配有发音和动态笔画功能。我们将以 HSK 六级“写作”题目为例，考察两部词典在汉字书写、词语搭配和易混淆词编纂方面的处理。如图 7-4：

HSK 六级书写题目：选词填空

钱学森的________塑像________在中科大图书馆前面的小树林里，他身________中山装，左手叉腰，右手指向侧面，就像是在授课。________、姿势都与钱老当年一模一样。

A. 一位、矗立、穿、神情

B. 一尊、坐落、着、神态

C. 一座、挺立、披、精神

D. 一个、摆放、套、态度

图 7–4　JUZI 汉语中的词条【塑像】

这道题目主要考察学习者对“塑像”量词和动词搭配、“神情、神态、精神、态度”等易混淆词的区别，以及“着”一词用法的掌握程度，正确答案是 B。我们考察了两部词典对“塑像”“神态”“着”的编纂情况。

JUZI 汉语三个词均收录，其中“塑像”一词第一个义项就是试题中的意义，第一个句法格式是名量搭配，其中给出的前两个量词分别是“尊”和“组”，并配图，非常清楚地呈现了该词的典型搭配，但是没有出现“塑像 +N”的搭配格式。搜索“神态”可以发现词典对“神情”“神态”和“神色”进行了辨析，辨析语言为汉语，并配有相应的练习题，如下表 7–1：

表 7–1　JUZI 汉语中词条【神态】的辨析

A+ A–		用法对比	例句 ×
神情	n	· 多指具体可见的表情；表现在脸上、眼睛里、行为上 · 可指人处于好或不好的状态 · 兴奋/陶醉的+神情 · 神情+专注/严肃/淡定	看他的神情，好像有什么事情。 她的眼里流露出焦急的神情。 她听着音乐，一脸陶醉的神情。 他神情专注，认真地听着报告。
神色	n	· 书面语 · 具体可见的表情或抽象的精神状态；表现在脸上、眼睛里、行为上 · 多指人处于不好的状态 · 兴奋/陶醉+的+神色（×） · 神色+专注/严肃/淡定（×）	看他的神色，好像有什么事情。 她的眼里流露出焦急的神色。 她听着音乐，一脸陶醉的神色。（×） 他神色专注，认真地听着报告。（×）
神态	n	· 强调表情、态度、姿势；除了人，还可以用于动物、景物、艺术形象	老人坐在那儿，神态安详。 他画出了动物调皮的神态。

对于“着”的用法，该词典给出了“穿着”的搭配形式，但没有例句。

Hanzii 也收录了这三个词。“塑像”没有在义项界面给出搭配，点击“词语搭配”按钮，可以在另一个界面看到给出的名名、名动搭配，但没有“塑像坐落”，名量搭配只在搭配栏最后的例句中可以找到，需要用户花费更多的时间。具体见图 7–5、图 7–6。只有“神情”和“神色”的辨析，这部词典的辨析语言与 JUZI 汉语不同，使用越南语说明易混淆词的区别。词典对“着”的处理和 JUZI 汉语一样。

由此可见，两部词典相较于早期在线词典，更重视对词的搭配、易混淆词辨析等用法信息的精细化描写，有利于用户通过查询词典提高其语言表达的准确性。但是，现有词典收录的典型搭配大部分属于检索词的左项搭配，忽视了右项搭配，如“塑像”后面常跟的动词可以是“坐落”，“身+着”也是一个较为常见的搭配。

图 7-5　Hanzii 中的词条【塑像】

图 7-6　Hanzii 中词条【塑像】的搭配对象

综合上面的调查，我们从“新词”“多义词”“搭配”“易混淆词辨析”四个维度考察了两部词典在服务用户接收（阅读）和产出（写作）情景时的编纂情况，两部词典针对以往学习词典批评研究提到的“用法少”这一痛点问题做出了改善，提高了词典编纂质量，尤其是 Hanzii 在收词上体现出一些国别特征。

8

汉越语言文化对比视角下的词典个案分析

如前所述，面向越南汉语学习者使用的学习词典编纂应该关注汉越语言文化对比的研究成果，并以恰当的方式在词典中呈现出来，这也是词典编纂对用户需求的一种回应。本章将以学者关注程度高且能体现越南汉语学习者学习难点的汉越词和离合词为例，分别观察两部汉越词典的编纂情况，以期通过个案分析，窥探现有国内外汉越词典的国别化特色是否鲜明。分析的两部词典分别是由越南本土发行的 Hanzii 和国内广西出版传媒集团出版的《新汉越词典》。之所以选择这两部词典，是因为：

（1）两部词典均有一定影响力，Hanzii 是目前越南汉语学习者使用最多的网络词典（杨艳丽等，2024），《新汉越词典》曾获批 2011 年国家出版基金项目资助；

（2）这两部词典都属于汉越双语词典；

（3）这两部词典收词规模较大。

8.1 汉越词在汉越词典中的处理

越南语受到汉语的影响，表现在它的词汇库中有大量的汉语借词，也就是汉越词。汉越词在越南语词汇中占比高达60%（阮氏茶嵋，2020）。《汉越词词典》中收录了7810个双音节汉越词，《国际中文教育中文水平等级标准》包含了2943个双音节汉越词。

汉越词给越南汉语学习者学习汉语带来了得天独厚的优势，但也会给他们设置一个个难以发现的“陷阱”（阮福禄，2011）。部分汉越词与对应的汉语词在词义、用法上存在差异，导致越南汉语学习者（尤其是初级汉语水平的学生）在习得汉语的时候容易出现偏误。在词典中，将目标词简单翻译成对应的汉越词，而不对两词的差异加以说明，就可能出现因词典使用导致偏误的情况发生。

本研究基于文献梳理的结果，对越南汉语学习者的一些典型词汇偏误与上述两部词典进行对比，发现词汇偏误的产生与词典的缺陷有着或多或少的关联。

第一种情况：当目标词与汉越词词义不同时，词典会采用罗列对等词的方法解释，这些对等词包括相应的对越词。例如：

【普遍】: phổ biến; rộng rãi; rộng khắp

【宠爱】: sủng ái; cưng chiều; nuông chiều; thiên vị; say mê; yêu thương

【普通】和【宠爱】的汉越词分别是“phổ biến”和“sủng ái”。

在词条释义内部，都是把目标词对应的汉越词放在了首位。但是“普通”和“phổ biến”、“宠爱”和“sủng ái”的词义不尽相同。“phổ biến”还有“传达”的义项，“sủng ái”专指国王对妃子的骄纵偏爱。词典这样的处理容易使用户将目标词和汉越词画等号，进而产生偏误。Hanzii 在给出越南语对等词的同时编纂了汉语释义和例证，例如“宠爱”的汉语释义是“（上对下）喜爱；骄纵宠爱”，在一定程度上弥补了对译方式的不足。《新汉越词典》没有汉语释义，给出的例句“秋月向来受到诗人们的宠爱”也没有典型地反映出该词的意义。值得注意的是，因为该词典是以单字立目，在“宠”下方的词条【宠幸】的对译词也是“sủng ái”，这就容易误导用户将“宠爱”和“宠幸”混淆。

第二种情况：当目标词和汉越词词性不完全对等时，词典将汉越词特有的词性标注给目标词。

例如，对于词条【卫生】,《新汉越词典》标注的词性是名词、形容词；Hanzii 标注的词性还有动词。在汉语中，“卫生”只能做名词和形容词。在越南语中，“卫生”对应的“vệ sinh”可以做动词，是“打扫，做卫生”的意思，这也是为什么越南学生经常写出这样的句子：“我卫生房间了。”Hanzii 现有的处理显然是会误导用户的。

第三种情况：当目标词和汉越词搭配对象不同时，词典未加以说明。

例如，对于词条【发挥】，两部词典都用对应的汉越词“phát

huy”释义，越南语“phát huy”的意思接近于汉语中的“发扬”一词。“发扬”和“发挥”的搭配对象不尽相同。Hanzii 在词条【发挥】下面编纂了近义词专栏，辨析“发挥”和“发扬”，这种处理注意到了目标词和汉越词的差异，但遗憾的是，词典并没有从搭配的角度准确说明两者的不同。

第四种情况：当目标词和汉越词语体色彩不同时，词典未加以说明。

例如，词条【卒业】，两部词典都用相应的汉越词“tốt nghiệp”释义。与汉语不同，越南语“tốt nghiệp”没有明显的书面语语体色彩。但是词典并没有通过释义或语用标签加以提示。Hanzii 对【卒业】的汉语释义是“毕业”，但显然【卒业】的书面语色彩更浓。

综上，两部词典并没有准确或充分描写汉越词和目标词的差异性，在一定程度上会引起越南汉语学习者语言的负迁移。本书建议基于《国际中文教育中文水平等级标准》梳理出这些词义和用法存在差异的词对，通过释义、标签、搭配等显性的方式提示用户。

8.2 离合词在汉越词典中的处理

离合词是汉语词汇中的一种特殊现象，是指意义上具有整体性、单一性，但结构上可以插进别的成分的合成词（唐作藩主编，2007），例如“见面”“舍得”，它可“离”可“合”的特点常常使外国汉语学习者产生偏误，它虽不属于越南汉语学习者的特异性偏误，但是也受到了诸多汉越对比研究学者的关注。（阮氏翠安，2012；李丽丽等，2012；阮氏秋玄，2017；张文南，2017；范功名，2018；邓氏青银，2023）本研究基于这些文献梳理的结果，对越南汉语学习者的一些典型离合词偏误与上述两部词典进行对比调查，发现在离合词的处理上，两部词典同样存在或多或少的问题。

问题一：离合词合成形式的用法说明简单。

离合词“合”是常态，“离”是“异态”（王海峰，2011）。合成形式在日常生活中的使用频率很高，是学习者首先接触到的离合词形式，在词典中应有所体现。《新汉越词典》将动宾式、动补式离合词都简单标注为动词，很多离合词只出现对译词，没有配例，例如“帮忙、理发、发烧”。Hanzii 处理得相对较好，将这类词标注为离合词，但合成形式的句法功能说明也不全面，例如【理发】只给出了做定语的例证。而且有的例证也不够典型，仍以词条【理发】为例，Hanzii 给出的例证是“理发员”，但据语料调查，“理发师”更符合语言使用的规律。

问题二：离合词离析形式的用法说明不系统、不明晰。

对于同类离合词的离析形式，有的词列出了，有的词却没有编纂，没有统一的标准。已有研究表明，受越南语没有汉语中“着”“过”的影响，当离合词离析形式需要出现“着”“过”时，越南学生往往会选择回避。和《新汉越词典》将离析形式隐于例证之中不同，Hanzii 会用公式的方式给出某个离合词的离析结构，如词条“【帮忙】：帮＋过/了/次/多长时间/大/小＋忙”。这里不仅给出了有关“帮忙”比较丰富的离析形式，而且吸收了偏误研究的成果。但是对于“请客”“排队”等离合词没有给出该有的离析结构。类似的情况还反映在动宾式离合词重叠的结构形式上，在越南语中，没有与汉语对应的动宾式离合词重叠式来表示“轻松、时间短”等的意思，越南语一般用“一点儿”“一会儿”来表示，如果不加以提示，学生很有可能出现“帮忙一会儿”的错误。除此之外，为了让用户更直观地注意到区别，词典除了给出“帮帮忙”的结构形式外，还可以用错误预警的方式提示学习者“帮忙一会儿”是错误的表达。

问题三：部分离合词的用法说明存在错误。

例如，Hanzii 中词条【拜年】的例句“我们去老师拜年吧”是错的，应改为“我们去给老师拜年吧”；【怀孕】的例句是“昨天医生告诉她，她怀孕了两个月”，应该改为“昨天医生告诉她，她怀孕两个月了”或“昨天医生告诉她，她怀了两个月的孕了”。

综合上面的调查，我们以汉越词和离合词为例，考察了两部词典的编纂情况。两部词典均未充分吸收汉越语言文化对比的成果。Hanzii 释义和用法说明的手段更为丰富，但仍存在一些编纂错误；《新汉越词典》受限于纸质介质的局限，用法信息只能借助词性标准和极少的配例呈现，用户友好程度大大降低。

9

对编纂国别化汉语学习词典的思考

9.1 国别化汉语学习词典编纂与研究的进展与不足

我国国别中文教育研究起步于20世纪60年代。1965年,《当代语言学》刊登的《美国中等学校的汉语教学》标志着国别中文教育研究在国内正式出现。此后，学者们陆续开展了不同国家的国际中文教育研究。关于“国别”内涵的界定有多种说法。李禄兴（2008）认为“国别化”可以是泛国别的，例如英语国家圈、汉字文化圈、以华人华侨为主体学习汉语的国家圈等。姜丽萍（2018）认为,“国别化”内容要符合国别语言、文化、教育体制、学时安排，贴近外国人的思维、贴近外国人的生活、贴近外国人的习惯。这些界定多是基于国际中文教学本身或国际中文教材编写提出来的，但也对词典国别化特征的探索产生一定影响。

新中国成立后，国别化汉语学习词典编纂与研究相对于其他领域的国别中文教育，发展较为缓慢。这一研究始于21世纪初，最早可见的文献是卢伟（2001）发表在《辞书研究》上的文章，他提出要编写针对东南亚国家华裔学生的特点和需求的华语学习词典。甘瑞瑗（2006）指出，国别化双语学习词典指的是基于不同国家的不同情况而进行的汉语学习用词典的开发和编纂，她提出要从词语的语义、语法、语用和跨文化交际四维平面来对比两种语言，提供描写说明某一词条与其对应词概念的内涵与外延，以及原义、近义、反义、语法、语义色彩、文化色彩、语用和词语搭配、词性、语源等信息，并编纂适当的例句和偏误的例句；最后在此理念下针对韩国使用者对“大班”“食堂”“旅行”三个词进行了编纂。张博（2015）进一步基于汉外词语对比的成果，从“语别化”的角度深化了国别化汉语学习词典的内涵，她以易混淆词编纂为例，提出要对不同母语背景学习者的易混淆词进行诊疗性辨析，在收词、辨析内容、辨析模式及辨析用语等方面力求实现“语别化”，目前已完成英、日、韩、蒙、印尼五国的易混淆词辨析编纂。两位学者的这些编纂理念和实践至今仍适用于国别化词典编纂。但遗憾的是，自此之后，国别化汉语学习词典编纂研究几乎处于停滞状态。而从我们对面向共建“一带一路”国家双语词典编纂的调查情况来看，已出版的大多数词典只是对目标语进行简单翻译，即初步实现了释义语言的“语别化”，大体满足了用户语言“理解”的简单诉求。但收词的“国别化”、用法的“国别化”都尚未落地，用户需要的高查得率以及对语言“表达”的需求仍未得到满足。我们深切地体会到，与国别化教材相比，国别化词典编纂是一项更为基础、更为艰巨的任务。

9.2 对越汉语学习词典的国别特征

相较大部分共建“一带一路”国家，近些年发行的越南汉语学习词典（如 CVEdict、Hanzii）已逐步摆脱“词汇手册”的样态，具有一定的学习功能。但与其他类型的国际中文教育资源相比，还有一段很长的路要走，对越汉语学习词典仍需在语音、收词、释义和用法注释四个方面突出国别特征。

9.2.1 词典语音信息的国别特征

汉语学习词典对立目单位的语音标注普遍按照《汉语拼音方案》的规定，用汉语拼音字母对普通话语音进行标注。本研究认为，对越汉语学习词典的语音信息为了突出国别特征，还可以从以下四个方面优化：

（1）针对词典对学习者表达的实际需求，按照语音实际发音进行标注，例如“一”“不”变调按照其在组合音节中的实际情况标注和发音。

（2）对于一些汉语本身比较特殊的语音现象，词典要收全、标对、读准，比如儿化和离合词的注音。目前纸质词典的标注质量好于在线词典，但纸质词典没有真人发音。

（3）适当采用越南本土化的标注方法，可以利用学习者母语中的相近音进行注释，同时对二者发音异同加以陈述，例如《汉语拼音方案》中的 h[x] 和越南语中的 h[h] 发音方法相同，发音部位不同，声音近似，词典对 h 的标注可以借助母语，甚至是越南本土大部分人所学的第二语言语音系统。

（4）突出学习者的学习难点，重视学习者发音常见偏误的呈现，并设置纠音按钮，满足学生的个性化练习。例如越南汉语学习者对平舌音和翘舌音掌握不佳，可以在这类声母打头的字旁边用母语或图示加以提醒，学习者也可以通过点击纠音按钮练习发音。

9.2.2 词典收词的国别特征

汉语学习词典的收词通常依照考试大纲或汉语水平等级大纲。根据前面的需求分析和个案分析结果，本研究认为，对越汉语学习词典收词为了突出国别特征，除了遵循大纲外，还要充分考虑以下几个因素：

（1）利用在线词典的介质优势，适度增加新词，提升查得率。中国社会的发展和世界的重大事件的出现往往会带来新词的涌现，依照大纲收词仅仅可以满足日常基本需要，适度收录新词可以满足用户对中国国情了解的需要。

（2）适当增加越南特色词汇。吴应辉（2013）指出，词汇国别特征的重要指标之一是收录反映当地社会文化的本土化词汇数量。

（3）优先选取需求率高的行业所需术语。随着“一带一路”建设的发展，中国和越南在经贸、传统医学领域的合作日趋密切，需要大批熟悉商务汉语、中医汉语，了解中越文化的语言人才，相关专业术语也应该收录在词典之中。

（4）基于用户偏误收词。词语混淆是第二语言学习者最为突显的一种词汇偏误，针对其典型偏误选取词汇可以提高词典的针对性。

（5）基于文化对比和差异收词。汉越文化融合，使得越南汉语学习者对一些中国文化知识和言语交际行为并不陌生，但是仍有一部分词语存在差异，例如前文提到的汉越词，这也是国别化词典需要重点收录的语言单位。

所以，汉越学习词典收录词条应该包括：汉语基本词汇部分［以《国际中文教育中文水平等级标准》（2021）和 HSK 考试大纲为依据收录的词条］；高频率的越南特色词汇；表现现代中国社会和世界的重大事件与变迁的新词；越南和中国合作密切领域的专业术语；越南汉语学习者偏误率高的易混淆词；反映中华优秀传统文化的文化局限词以及影响言语交际得体性的语汇单位。

9.2.3 词典释义的国别特征

通常词典释义要考虑释义的语言、释义的内容和释义的方式三大问题。越南汉语学习词典释义的国别特征主要体现在：

（1）释义语言宜使用双语或双解。虽然享誉世界的 Big5 均属于单语词典，但是考虑到词典的工具属性和用户的使用习惯，我们认为无论使用者的语言水平是初级还是中高级，面向越南汉语学习者的词典都应该是双语词典或双解词典。当汉越两种语言的词语意思基本对等时，可以采用列举对译词的方式解释目标词，例如对于词条【中秋】，因为越南人也在农历八月十五这一天过中秋节，目标词和汉越词词义内容基本一致，就可以使用“TRUNG THU”这个汉越词直接翻译。当释义语言为多个对译词时，要重视第一对等词的精确性，避免引起误解。

（2）释义内容具有针对性。这里的针对性主要指释义要建立在汉越两种语言对比的基础上，对于两种语言的差异点要在释义内容中精准地体现出来。这种差异可能是基本义、感情色彩或是语体差异，也可能是文化差异。仍以词条【中秋】为例，可以通过括注或配例等补充释义手段，突显两国庆祝中秋节的饮食风俗差异。

（3）释义方式的国别化。例如，词语释义的图片突出本土化特点，如职业类词“经理”“医生”“律师”都是越南人，学习者查阅时容易产生亲切感。

9.2.4 词典注释的国别特征

学习词典相比于语文词典，十分重视用法信息的选取和呈现。对越汉语学习词典释义的国别特征主要体现在以下五点：

（1）充分利用搭配、例证展示词语的语义、语法和语用特点。搭配的结构形式排序依据越南汉语学习者的偏误率，例如离合词的离析形式有很多种，针对越南学习者可以把“V+了/过+O”和“VVO”的形式排在靠前的位置。

（2）利用中介语语料库和越南汉语学习者偏误研究成果，重视反例的预警作用，避免偏误的产生。

（3）聚焦易混淆点，重视易混淆词的编写，尤其是针对那些同中有异的汉越词的辨析和提示。以前文提到的词条【普遍】为例，虽然在汉语中“普遍”和“传达”不存在任何语义相关性，但是由于“普遍”的汉越词“phổ biến”具有“传达”的意义，那么就可以收录这一组易混淆词，并进一步指出偏误的成因。

（4）重视练习的国别化。这主要体现在编纂者要对越南学习者喜欢的练习题型做到“心中有数”，并针对使用者特异性偏误提供丰富的练习题目。

（5）用法说明的语言为使用者的母语。从用户认知负荷的角度考虑，词典使用目的语来讲解用法显然超出了一般学习者的理解水平，本研究建议对词语用法差异、词语文化背景信息等知识性内容使用用户的母语说明。

9.3 实现新一代国别化汉语学习词典学习功能的优化策略

策略一：夯实词典编纂的底层基础。

相较于通用型汉语学习词典的层出不穷，国别化汉语学习词典编纂数量少、国别特征不明显的一个重要原因就是相关领域的基础研究（包括词表和语料库的建设）相对滞后，这主要体现在：

（1）国别化汉语词表、国别化中介语语料库、术语语料库、双语语料库建设缓慢。目前仅韩国这一国别的词表和语料库建设相对完善，包括甘瑞瑗（2004）研制的“对外汉语教学用词表”、胡晓清

（2018）建设的韩国学习者汉语中介语语料库。

（2）词典用户需求调研覆盖范围不广，且已有调研结果没有用于词典编纂。目前部分国别的词典用户需求调查仅集中于某一所学校或该国的特定区域，调研结果可靠性有待商榷。

（3）小语种语言和汉语的对比研究成果尚不丰富。国别化词表和语料库的建设、用户需求分析和语言对比研究确实不易，但却是实现国别化汉语学习词典国别特征的关键。

策略二：加强词典体系构建的顶层设计。

科学合理的分布、品种繁多的类型是词典体系以及词典学理论成熟的重要标志（杨金华，2015）。现有汉语学习词典的层次体系不够完备，不能满足不同层次、不同水平的汉语学习者对学习词典的多样化需求，因此，构建一个立体的、既能反映汉语特点又能满足汉语学习者不同需要的汉语学习词典层级体系就显得至关重要。理想的国别化汉语学习词典也应该是一个层级体系完善、内容丰富的系统，在这个系统里包括可以满足不同需求的各类词典，包括汉外语言知识词典、用法词典、适用于不同情景的语言技能词典、收录各种语汇单位的专项词典、反映学术汉语学习和专业知识的专科词典等。

策略三：强化资源共建共享的合作意识。

根据《国际中文教育教学资源发展报告（2022）》调查显示，教材的普及率达到 54.69%，响应率为 20.85%。相比之下，同样作为基础资源的词典普及率仅为2.32%，响应率不到1%，发展明显滞后。不同类型教学资源的研发者亟须形成联合攻关之势，教材建设的研发者可以将经验分享给词典编纂，这样才能加快教学资源国别化的步伐，使之更好地适应国际中文教育新形势下不同国别人群的汉语学习特点和需求。

在大资源观的视域下，未来我们还需要同心协力建设一个国际中文教育资源平台，在这个资源平台上，可以共享语言学习遇到的各种问题，包括词的释义、用法、示例、同义词辨析、近义词辨析、常用的语法格式、出现频率较高的偏误现象、教材中出现的语言点和文化场景、特殊用途和特殊行业的语言问题。（崔希亮，2023）在优质资源整合的前提下，汉语学习词典编纂质量和效率才会有进一步提升的可能。

策略四：基于大资源观的视域构建多元主体一体的评价标准。

词典评价对提升词典质量具有重要意义，但评价研究在词典学研究领域被长期忽视，是最薄弱的一环（武继红，1999）。目前双语词典评价多停留于编纂者、研究者层面的单一主体评价模式，忽视了评价主体的多样性。事实上，学习词典的利益相关者是多样的，不仅包括词典学研究者、编纂者，还有用户、语言教师和出版商等，构建多元主体一体的评价标准可以发挥各利益相关者的评价优势。此外，随着各种类型国际中文教育资源的融合性日益增强，国别化汉语学习词典编纂与评价标准也要站在整个国际中文教育资源的视域下考量。近三年，国家先后发布了《国际中文教育教学资源建设行动计划（2021—2025）》《“中文＋职业技能”教学资源建设行动计划（2021—2025）》《国际中文在线教育行动计划（2021—2025）》《国际中文教育数字资源建设指南》和《职业中文能力等级标准》，而这些也可作为国别化汉语学习词典编纂质量评价的重要参考。

策略五：加快数字技术的创新融入。

传统纸质词典受版面限制，体例和收词都要有所取舍，只能满足特定用户群的需要。利用数字技术手段，将多种类型的词典、国际中文教育资源电子化、网络化后，导入词典数据库，融合更多的体例、内容和呈现形式，最终形成一个全功能融媒体中文学习平台，可以为用户提供教与学“一站式”服务。除了满足教与学的需求，借助数字技术，词典还可以变成线上社交平台，通过社区互动平台方便学习者展示与交流。技术与词典的融合创新了词典的形态与功能，也让未来的词典充满了无限可能。

9.4 编纂国别化汉语学习词典的意义

元青（2013）指出，词典的编纂与研究需要整体观，将所有相关的词典当作一个有机的整体，用中国语言和文化元素将其串联起来，而不是局限于某一部（或多部）词典或者某个语种词典的探究。基于这一视角，我们认为编纂国别化汉语学习词典的意义可以体现在三个方面：

首先，构建人类命运共同体的语言之基离不开词典建设的高质量发展。在人类命运共同体的背景下，国际中文教育迎来了新的发展机遇，需要充分发挥好中文教育资源和学习资源在促进“语言相通”中的重要作用，而用户日常语言学习必备的学习词典正是其中非常重要的一类。

其次，词典是讲好中国故事的重要途径和载体。

2018 年 8 月，习近平总书记在全国宣传思想工作会议上的重要讲话中指出：“要推进国际传播能力建设，讲好中国故事、传播好中国声音，向世界展现真实、立体、全面的中国，提高国家文化软实力和中华文化影响力。”① 提升词典编纂质量要以习近平总书记提出的“着力打造融通中外的新概念、新范畴、新表述”为基本遵循，以词典为媒介，做好一个个词条的梳理、解释、翻译、呈现工作，词典不再仅仅是服务语言学习的工具书，更是可以构建真实、立体、全面国家形象的重要载体。

最后，编纂国别化汉语学习词典有助于推进区域国际中文教育研究发展。

2021 年 5 月 31 日，习近平总书记在主持中共中央政治局就加强我国国际传播能力建设的第三十次集体学习时强调，要采用贴近不同区域、不同国家、不同群体受众的精准传播方式，推进中国故

---

① 来源于 http://media.people.com.cn/n1/2018/0823/c40606-30245183.html

事和中国声音的全球化表达、区域化表达、分众化表达，增强国际传播的亲和力和实效性。[①] 中华文化“走出去”的现实需求使得区域国际中文教育研究十分重要。区域国别中文教育，是贴近不同区域、不同国家的精准中文教育模式（李宝贵、刘家宁，2022）。要把握当地中文教育的真实情况，离不开大量调研和一手资料，而编纂国别化汉语学习词典同样需要调研当地中文学习者学习需求，对两国语言及语言政策进行比较。从这个角度上讲，系列国别化汉语学习词典的出版可以使区域国际中文教育研究更深入。国别化汉语学习词典的问世使得教学资源更切合不同国家、不同区域学习者的学习需求、所在国的国情、民族文化等，也是尊重不同区域教育体制学习方法和知识接受习惯存在差异的表现。

综上所述，从词典编纂整体规划来看，对越汉语学习词典编纂，需要服务国家战略发展，适应国际中文教育新变化，要与国际中文教育资源建设相协调。对越汉语学习词典作为国别化词典，除了要遵循通用型汉语学习词典编纂的一般原则外，还需充分考虑用户所在国的教育环境、语言特点、文化特点和实际需求，使词典信息选取与呈现更符合实际情况，更具针对性。

---

① 来源于 http://t.m.china.com.cn/convert/c_s1codPyL.html

参考文献

[1] 北京大学第一医院中西医结合研究所．WHO 西太平洋地区传统医学名词术语国际标准 [M]. 北京：北京大学医学出版社，2009.

[2] 冰素．蒙古汉语学习词典调查与研究 [D]. 山东大学硕士学位论文，2018.

[3] 曹琳琰、张淼．隐喻视角下中医语言特点及其翻译 [J]. 西部中医药，2016（3）：143–145.

[4] 陈冰冰．国外需求分析研究述评 [J]. 外语教学与研究，2009（2）：125–130.

[5] 陈莉萍．专门用途英语研究 [M]. 上海：复旦大学出版社，2000.

[6] 陈雪．认知术语学核心术语研究 [D]. 黑龙江大学博士学位论文，2014.

[7] 崔希亮．国际中文教育的十二个重点研究领域 [J]. 国际中文教育（中英文），2023（1）：3–12.

[8] 邓氏青银．越南初级汉语学习者离合词习得偏误研究 [D]. 哈尔滨师范大学硕士学位论文，2023.

[9] 杜氏清顺．越南学生汉越词典使用情况调查研究——以胡志明市国家大学所属人文社科大学中文系学生为例 [D]. 广西民族大学硕士学位论文，2016.

[10] 范功名．现代汉语—越南语量词对比研究 [D]. 河北师范大学博士学位论文，2018.

[11] 方廷钰、嵇波、吴青．新汉英中医学词典 [M]. 北京：中国医药科技出版社，2013.

[12] 甘瑞瑗．国别化的“对外汉语教学用词表”拟定的构思：以韩国为例 [C]// 数字

化对外汉语教学理论与方法研究 . 韩国又松大学，2004：16.

[13] 甘瑞瑗 . 以韩国为例谈“国别化”双语学习词典编纂的构思 [J]. 国际汉语教学动态与研究，2006（1）：51–60.

[14] 甘秀珍 . 越南学生汉语招呼语习得研究 [D]. 杭州师范大学硕士学位论文，2022.

[15] 格里尼奥夫 . 术语学 [M]. 北京：商务印书馆，2011.

[16] 郝瑜鑫、刘文、邢红兵 . 基于大规模语料库和词汇习得理论的学习型词典编撰构想 [J]. 湘南学院学报，2010（6）：34–38.

[17] 郝瑜鑫、王志军 . 国外汉语学习词典需求之探讨——以美国为例 [J]. 华文教学与研究，2013（3）：50–58.

[18] 胡晓清 . 国别化汉语中介语动态语料库建设与研究 [M]. 北京：中国社会科学出版社，2018.

[19] 黄建华、陈楚祥 . 双语词典学导论（修订版）[M]. 北京：商务印书馆，2003.

[20] 贾春华 . 中医学：一个隐喻的世界 [M]. 北京：人民卫生出版社，2017.

[21] 姜丽萍 . 汉语教材编写的继承、发展与创新 [J]. 华文教学与研究，2018（4）：12–18.

[22] 蒋文凭、邓琳 . 基于苹果应用商店大数据的 APP 词典融媒创新分析 [J]. 语言战略研究，2024，9（3）：73–81.

[23] 教育部中外语言交流合作中心组 . 国际中文教育教学资源发展报告 [M]. 北京：北京语言大学出版社，2022.

[24] 教育项目研究组 . 构建“中文 + 职业技能”教育高质量发展新体系 [J]. 中国职业技术教育，2021（12）：119–123.

[25] 金沛沛 . 对外汉语学习词典研究 30 年 [J]. 云南师范大学学报（对外汉语教学与研究版），2015，13（3）：27–37.

[26] 金沛沛 . 从《朗文当代英语辞典》的发展透视学习词典的“学习性”表现 [J]. 辞书研究，2015（5）：51–59.

[27] 金沛沛 . 基于学习者需求的汉语学习词典语用信息选取分析 [J]. 辞书研究，2019（4）：111–120，145–146.

[28] 金沛沛．学习者使用反馈视角下的汉语学习词典语用信息编纂研究 [J]. 云南师范大学学报（对外汉语教学与研究版），2020（6）：30–37.

[29] 金沛沛、王帅．学习词典特征研究 [M]. 天津：南开大学出版社：2021.

[30] 李宝贵、刘家宁．区域国别中文国际传播研究：内涵、进展与优化策略 [J]. 语言文字应用，2022，（01）：44–55.

[31] 李翠芳．印尼大学生汉语学习手机词典使用及需求调查研究 [D]. 山东大学硕士学位论文，2019.

[32] 李丽丽、陈碧银．留学生汉语离合词习得偏误调查研究——越南留学生的视角 [J]. 重庆工商大学学报（社会科学版），2012，29（5）：134–138.

[33] 李禄兴、王瑞．国别化对外汉语教材的特征和编写原则 [C] // 世界汉语教学学会编．第九届国际汉语教学研讨会论文选，2008：8.

[34] 李睿、王衍军．功能词典学理论下外向型在线汉语学习词典的编纂与构建 [J]. 华文教学与研究，2020（1）：85–95.

[35] 李秀翠．泰国大学生汉语学习词典使用及需求调查研究 [D]. 山东大学硕士学位论文，2016.

[36] 李宇明．“一带一路”需要语言铺路 [J]. 中国科技术语，2015（6）：62.

[37] 梁鹏程．汉英翻译学习电子词典场景融合设计研究 [D]. 南京大学博士学位论文，2020.

[38] 刘芳华．中医词汇的英文翻译研究——以《中医汉语综合教程》为例 [D]. 华中师范大学硕士学位论文，2020.

[39] 刘汉武、郝瑜鑫．母语环境下越南学习者汉语学习型词典的需求调查研究 [J]. 海外华文教育，2013（3）：265–271.

[40] 卢伟．略论东南亚华裔学生华语学习词典的编纂 [J]. 辞书研究，2001（4）：71–79.

[41] 马振博、张婷婷、陆畅．中医术语英译过程中的文化保留研究 [J]. 海外英语，2021（4）：59–60，86.

[42] 王海峰．现代汉语离合词离析形式功能研究 [M]. 北京：北京大学出版社，2011.

[43] 王辉、王亚蓝．共建“一带一路”国家语言状况 [J]. 语言战略研究，2016（2）：

13–19.

[44] 王辉 . 认知视域下学习词典中百科信息的设置 [J]. 跨语言文化研究，2016（2）：62–74.

[45] 王爽 . 巴基斯坦大学生汉语手机词典使用情况调查分析 [D]. 广州大学硕士学位论文，2020.

[46] 王兴隆、亢世勇 . 新时代融媒体汉语学习词典的融合特征及其优化路径——以《当代汉语学习词典》为例 [J]. 语言文字应用，2021（1）：132–141.

[47] 吴应辉 . 关于国际汉语教学“本土化”与“普适性”教材的理论探讨 [J]. 语言文字应用，2013（3）：117–125.

[48] 武继红 . 辞书理论研究初探 [J]. 南京理工大学学报（社会科学版），1999（2）：44–46.

[49] 武清香 . 当下越南高校汉语教学现状刍议 [J]. 枣庄学院学报，2019，36（3）：52–58.

[50] 阮德仁 . 汉语与越南语客套话对比研究 [D]. 西北大学硕士学位论文，2021.

[51] 阮福禄 . 对越汉语词汇教学中的“陷阱”[J]. 云南师范大学学报（对外汉语教学与研究版），2011，9（6）：74–78.

[52] 阮氏茶嵋 . 汉越词对越南汉语专业大学生汉语词汇习得的影响研究 [D]. 云南大学硕士学位论文，2022.

[53] 阮氏翠安 . 越南汉语离合词教学之现状与对策 [D]. 华中科技大学硕士学位论文，2012.

[54] 阮氏秋玄 . 越南学生动宾式离合词带补语习得研究 [D]. 上海外国语大学硕士学位论文，2017.

[55] 宋立文 . 外向型汉语学习词典的出版概况、编写问题与未来之路 [J]. 北华大学学报（社会科学版），2021，22（5）：35–48，152.

[56] 苏新春，学习词典学习性的三大内涵及对词典新形势的期盼 [J]. 北华大学学报（社会科学版），2019（5）：1–9.

[57] 唐作藩 . 中国语言文字学大辞典 [M]. 北京：中国大百科全书出版社，2007.

[58] 谢春辉、罗军 . 越南汉语国际传播现状及对策——以河内大学孔子学院为例 [J]. 中华文化海外传播研究，2022(2): 236–246.

[59] 解海江、郑晓云、章黎平 . 对外汉语辞书调查与研究 [M]. 北京：外语教学与研究出版社，2015.

[60] 徐洁漪、席涛 . 基于多模态感官理论的交互式数字艺术研究 [J]. 工业设计，2018 (3): 97–99.

[61] 徐静 . 中医基础字词一点通 [M]. 北京：北京语言大学出版社，2012.

[62] 杨金华 . 论外向型汉语学习词典类型 [J]. 对外汉语研究，2015(1): 140–148.

[63] 杨艳丽、陈郑金容、阮氏和卿，等 . 越南本土汉语词典学习特征分析 [J]. 鲁东大学学报（哲学社会科学版），2024，41(4): 7–14.

[64] 杨玉玲 . 融媒时代外向型汉语学习词典编纂理念与实践 [J]. 首都师范大学学报（社会科学版），2022(2): 167–177.

[65] 杨玉玲 . 融媒词典《JUZI 汉语》的研发理念与实现路径 [J]. 语言战略研究，2024，9(3): 61–72.

[66] 姚春鹏译注 . 黄帝内经 [M]. 北京：中华书局，2022.

[67] 叶莹 . 功能词典学视域下外向型双语词典的编纂——以马礼逊的《五车韵府》为例 [J]. 海外英语，2024，(8): 1–3.

[68] 袁方明 . 功能词典学视域下外向型汉语学习字典配例优化研究——以 Pleco 为例 [D]. 广西大学硕士学位论文，2022.

[69] 元青 . 晚清汉英、英汉双语词典编纂出版的兴起与发展 [J]. 近代史研究，2013 (1): 94–106.

[70] 于晓霜 . 韩国汉语学习词典使用及需求调查研究 [D]. 山东大学硕士学位论文，2017.

[71] 张博 . 国别化工具书编纂亟待跟进 [J]. 云南师范大学学报（对外汉语教学与研究版），2007(6): 11–12，15.

[72] 张博 .《汉语易混淆词辨析词典》“语别化”的理据与特征 [J]. 国际汉语学报，2015，6(2): 1–10.

[73] 张文南 . 越南学生习得汉语离合词的偏误考察与教学对策 [D]. 辽宁师范大学硕士学位论文，2017.

[74] 张小克 . 越南学生学汉语偏误分析 [M]. 北京：世界图书出版公司，2014.

[75] 张雅、卢华国 . 英汉学习型词典中义项排列的原型效应及其适用性再思考 [J]. 外语研究，2015(1)：87–92.

[76] 章宜华 . 基于用户认知视角的对外汉语词典释义研究 [M]. 北京：商务印书馆，2015.

[77] 章宜华 . 二语习得与学习词典研究 [M]. 北京：商务印书馆，2015.

[78] 章宜华 . 论融媒体背景下辞书编纂与出版的创新 [J]. 语言战略研究，2019(6)：79–89.

[79] 章宜华 . 略论融媒体辞书的技术创新和理论方法 [J]. 语言文字应用，2022(1)：9–16.

[80] 郑艳群 . 虚拟词语空间理论与汉语知识表达研究 [M]. 北京：商务印书馆，2015.

[81] 周涵 . 德国中学生汉语学习词典使用情况调查 [D]. 四川外国语大学硕士学位论文，2017.

[82] 曾小燕、阮德英 . 越南中文教育现状及发展论略 [J]. 云南师范大学学报（对外汉语教学与研究版），2023(2)：37–47.

[83] Hutchinson T. & Water A. *English for specific purpose: A learning-centered approach*[M]. Cambridge: Cambridge University Press, 1993.

[84] Tarp S. *Lexicography in the borderland between knowledge and non-knowledge. General lexicographical theory with particular focus on learner's lexicography*[M]. Tubingen: Max Niemeyer, 2008.

[85] Tarp S. Functions of specialized learners' dictionaries [C]. In Fuerstes–Oliver P.A. (ed.). *Specialised dictionaries for learners*. Berlin & New York: Walter de Gruyter GmbH & Co. KG, 2010.

[86] Tarp S. Theory– Based Lexicographical methods in a functional perspective, an overview[J]. *Lexicographica*, 30: 58–76, 2014.

附录：调查问卷

Phiếu điều tra về việc học sinh Việt Nam sử dụng từ điển Hán ngữ trong quá trình học tiếng Hán

I.Thông tin cơ bản của cá nhân

1.Quốc tịch：(　　　)

2.Tiếng mẹ đẻ：(　　　)

3.Có phải người gốc Hoa hay không：(　　　)

A.Có

B.Không

4.Tình trạng hiện tại：(　　　)

A.Học đại học, chuyên ngành là（　　　）

B.Đang công tác, nghề nghiệp（　　　）

C.Khác

5.Học tiếng Hán trong bao lâu：(　　　)

6.Đã từng học tiếng Hán ở đâu：(　　　)

A.Trung Quốc

B.Việt Nam

C.Nước khác

7.Hiện tại có đang học tiếng Hán hay không：(　　　)

A.Có

B.Không

8.Trình độ Hán ngữ：(　　　)

A.Sơ cấp

B.Trung cấp

C.Cao cấp

9.Đã từng thi HSK hay chưa：(　　　)

A.Đã thi, đạt cấp (　　　)

B.Chưa

10. Tại sao học tiếng Hán：(　　　)

II. Hiện trạng sử dụng từ điển

1.Có bao nhiêu quyển từ điển Hán ngữ（　　）

A.01 quyển

B.02 quyển

C.Trên 02 quyển

2.Từ điển Hán ngữ bạn hay sử dụng là loại từ điển（　　）

A.Từ điển điện tử

B.Từ điển trong máy di động

C.Từ điển giấy

D.Từ điển online

3.Xin viết tên từ điển Hán ngữ thường dùng, đồng thời đưa ra đánh giá.

1）Tên từ điển Hán ngữ：(　　)

2）Quyển từ điển Hán ngữ này do（　　）

A.Bạn bè giới thiệu

B.Thầy cô giới thiêu

C.Tự tìm

3）Căn cứ theo mức độ từ "Hoàn toàn đạt được" đến "Hoàn toàn không đạt được" (từ 4 đến 0) để đánh giá loại từ điển Hán ngữ mà bạn sử dụng, xin hãy chọn chữ số tương ứng, nếu loại từ điển Hán ngữ của bạn không có nội dung tương ứng như trong bảng biểu thì xin chọn số 0.

Số TT	Góc độ đánh giá	Hoàn toàn đạt được				Hoàn toàn không đạt được
		4	3	2	1	0
1	Mang theo rất tiện					
2	Từ điển miễn phí hoặc rất rẻ					
3	Từ điển sắp xếp từ rõ ràng, mỹ quan					
4	Tra cứu rất thuận tiện					
5	Có trình bày thứ tự viết chữ Hán					
6	Chữ hoặc từ Hán ngữ có phát âm tự động					
7	Lượng từ rất nhiều					
8	Chữ Hán được thu thập nhiều nghĩa					
9	Đánh dấu từ loại, đồng thời rất chính xác					
10	Phiên dịch rất chính xác					
11	Ngôn ngữ dùng để giải thích từ rất dễ hiểu					
12	Có nhiều câu ví dụ					
13	Ngôn từ trong câu ví dụ dễ hiểu					
14	Câu ví dụ trình bày rõ ràng ý nghĩa của từ và cách dùng					
15	Trình bày rõ về cách dùng từ gần nghĩa					
16	Trình bày rõ về từ trái nghĩa					
17	Mô tả sự kết hợp của các từ					
18	Có lời giải thích về hoàn cảnh sử dụng từ					

续表

Số TT	Góc độ đánh giá	Hoàn toàn đạt được				Hoàn toàn không đạt được
		4	3	2	1	0
19	Có hình minh họa để bổ xung nói rõ ý nghĩa và cách dùng từ					
20	Có giới thiệu về văn hóa Hán ngữ					
21	Có thể giúp tăng thêm số lượng từ					
22	Có thể giúp ôn tập từ vựng Hán ngữ					
23	Có lượng nhất định bài tập					
24	Đánh dấu cấp độ kỳ thi HSK					

III. Sách lược sử dụng

1.Ai đã từng dạy bạn cách dùng từ điển Hán ngữ?

A.Thầy cô

B.Bạn bè

C.Tự học

D.Người khác

2.Bạn đã từng đọc hướng dẫn và phương pháp sử dụng từ điển chưa?

A.Không bao giờ

B.Rất ít khi

C.Có lúc đọc

3.Thông thường bạn sử dụng từ điển Hán ngữ trong trường hợp nào?

(Nhiều lựa chọn)

A.Nghe

B.Nói

C.Đọc

D.Viết

E.Phiên dịch

4.Trong quá trình học tiếng Hán, bạn sẽ sử dụng từ điển khi nào? (Nhiều lựa chọn)

A.Chuẩn bị trước tiết học

B.Học tập trên lớp

C.Ôn tập

D.Làm bài tập hoặc luyện tập sau giờ học

E.Trò chuyện cùng người khác

F.Mục khác

5.Bạn sử dụng từ điển chủ yếu để tra cứu cái gì? (Nhiều lựa chọn)

A.Cách viết chữ

B.Âm đọc

C.Ý nghĩa

D.Phối hợp từ

E.So sánh từ gần nghĩa

F.Ý nghĩa văn hóa G. Từ loại

H.Cái khác（　　　）

6.Khi một từ có rất nhiều ý nghĩa thì bạn thường sẽ lựa chọn như thế nào?

A.Chọn mục đầu tiên

B.Mục nào cũng xem rồi lựa chọn

C.Kết hợp với câu ví dụ rồi lựa chọn

D.Hỏi thầy cô giúp phán đoán

E.Hỏi bạn bè giúp phán đoán

F.Điều khác

7.Thông thường bạn sẽ phán đoán cách dùng từ ngữ như thế nào?

A.Xem là loại từ gì

B.Xem câu ví dụ

C.Xem phần dịch tương ứng của từ ngữ

D.Điều khác（　　　）

8.Bạn có tổng kết những từ đã tra cứu để ôn tập hay không?

A.Không

B.Rất ít khi

C.Đôi lúc có

D.Thường có

E.Luôn có

9.Tôi cho rằng tôi có thể sử dụng thành thạo từ điển Hán ngữ.

A.Rất đồng ý

B.Đồng ý

C.Bình thường

D.Không đồng ý

E.Rất không đồng ý

10. Thông qua việc sử dụng từ điển Hán ngữ, đã bồi dưỡng cho khả năng tự học Hán ngữ của tôi.

A.Rất đồng ý

B.Đồng ý

C.Bình thường

D.Không đồng ý

E.Rất không đồng ý

IV. Yêu cầu về nội dung

Xin bạn căn cứ vào tình hình thực tế để tiến hành lựa chọn, mức độ quan trọng của mục học tập dưới đây, và việc có cần thu nhận những thông tin này thông qua từ điển Hán ngữ hay không?

1.Nắm vững cách phát âm tiếng Hán tiêu chuẩn. (　　　)

A.Rất quan trọng

B.Quan trọng

C.Bình thường

D.Không quan trọng lắm

E.Không quan trọng

Thông tin mà câu hỏi 1 đưa ra có cần thu nhận thông qua từ điển Hán ngữ hay không? (　　)

A.Rất cần

B.Cần

C.Bình thường

D.Không cần lắm

E.Không cần

2.Nắm vững thứ tự các nét khi viết chữ Hán. (　　)

A.Rất quan trọng

B.Quan trọng

C.Bình thường

D.Không quan trọng lắm

E.Không quan trọng

Thông tin mà câu hỏi 3 đưa ra có cần thu nhận thông qua từ điển

Hán ngữ hay không? (　　　)

A.Rất cần

B.Cần

C.Bình thường

D.Không cần lắm

E.Không cần

3.Nắm vững cách phối hợp điển hình giữa những từ tiếng Hán. (　　　)

A.Rất quan trọng

B.Quan trọng

C.Bình thường

D.Không quan trọng lắm

E.Không quan trọng

Thông tin mà câu hỏi 5 đưa ra có cần thu nhận thông qua từ điển Hán ngữ hay không? (　　　)

A.Rất cần

B.Cần

C.Bình thường

D.Không cần lắm

E.Không cần

4.Nắm vững điểm khác biệt và tương đồng giữa những từ dễ bị lẫn lộn (bao gồm từ Hán Việt, từ gần nghĩa, từ đồng âm, từ có cách viết gần giống nhau)

Ví dụ: Trong tiếng Hán, từ "心事" (âm Hán Việt là tâm sự, có nghĩa là nỗi lòng) là danh từ, nhưng trong tiếng Việt thì "tâm sự" còn có thể làm động từ. (　　)

A.Rất quan trọng

B.Quan trọng

C.Bình thường

D.Không quan trọng lắm

E.Không quan trọng

Thông tin mà câu hỏi 7 đưa ra có cần thu nhận thông qua từ điển Hán ngữ hay không? (　　)

A.Rất cần

B.Cần

C.Bình thường

D.Không cần lắm

E.Không cần

5.Nắm vững hoàn cảnh sử dụng từ ngữ tiếng Hán (ví dụ như trong tình huống chính thức hay không chính thức, là văn nói hay văn viết). (　　)

Ví dụ: Trong tiếng Việt, từ "tốt nghiệp" thường dùng trong cả văn nói và văn viết, từ Hán tương ứng là"卒业" (âm Hán Việt là tốt nghiệp) lại chỉ dùng trong văn viết.

A.Rất quan trọng

B.Quan trọng

C.Bình thường

D.Không quan trọng lắm

E.Không quan trọng

Thông tin mà câu hỏi 9 đưa ra có cần thu nhận thông qua từ điển Hán ngữ hay không? (　　)

A.Rất cần

B.Cần

C.Bình thường

D.Không cần lắm

E.Không cần

6.Nắm vững ý nghĩa cơ bản của từ ngữ tiếng Hán. (　　)

A.Rất quan trọng

B.Quan trọng

C.Bình thường

D.Không quan trọng lắm

E.Không quan trọng

Thông tin mà câu hỏi 11 đưa ra có cần thu nhận thông qua từ điển Hán ngữ hay không? (   )

A.Rất cần

B.Cần

C.Bình thường

D.Không cần lắm

E.Không cần

7.Nắm vững ý nghĩa văn hóa của từ ngữ tiếng Hán, đặc biệt là khi ý nghĩa văn hóa giữa tiếng Hán và tiếng Việt có sự khác nhau. (   )

Ví dụ: Tại Trung Quốc, khi đi thăm người bệnh, người Trung Quốc sẽ không đem lê đến biếu người bệnh, vì từ"梨" (quả lê) đồng âm với từ"离" (li biệt, chia xa). Hay từ"黄"(màu vàng) là từ ngữ chỉ màu sắc nhưng mang ý nghĩa nhạy cảm (ví dụ như điện ảnh màu vàng để chỉ phim chỉ dành cho người lớn), nhưng trong tiếng Việt lại không hề có ý nghĩa này, ví dụ như nhạc vàng trong tiếng Việt là dòng nhạc trữ tình.

A.Rất quan trọng

B.Quan trọng

C.Bình thường

D.Không quan trọng lắm

E.Không quan trọng

Thông tin mà câu hỏi 13 đưa ra có cần thu nhận thông qua từ điển Hán ngữ hay không? (   )

A.Rất cần

B.Cần

C.Bình thường

D.Không cần lắm

E.Không cần

8.Nắm vững từ vựng tiếng Hán về các lĩnh vực chuyên ngành (ví dụ như thương mại, pháp luật, y học, v.v...) (   )

A.Rất quan trọng

B.Quan trọng

C.Bình thường

D.Không quan trọng lắm

E.Không quan trọng

Thông tin mà câu hỏi 15 đưa ra có cần thu nhận thông qua từ điển Hán ngữ hay không? (   )

A.Rất cần

B.Cần

C.Bình thường

D.Không cần lắm

E. Không cần

9.Nắm vững phương pháp biểu đạt hành vi ngôn ngữ khi đối diện với những đối tượng và hoàn cảnh khác nhau (ví dụ như làm thế nào để từ chối, khen ngợi, than phiền), khiến cho biểu đạt tiếng Hán của bản thân được đúng mực.（　　）

Ví dụ: Khen ngợi con người ta có thể nói"你家的孩子真可爱."(Con bạn trông thật dễ thương).

A.Rất quan trọng

B.Quan trọng

C.Bình thường

D.Không quan trọng lắm

E.Không quan trọng

Thông tin mà câu hỏi 17 đưa ra có cần thu nhận thông qua từ điển Hán ngữ hay không?（　　）

A.Rất cần

B.Cần

C.Bình thường

D.Không cần lắm

E.Không cần

10. Nắm vững cách dùng từ xưng hô trong tiếng Hán (ví dụ như xưng hô chính xác khi gặp những đối tượng khác nhau). (   )

Ví dụ: Trong tiếng Hán, phụ nữ có một cách nói tương đối lịch sự khi gọi chồng mình đó là"先生"(tiên sinh). Trong tiếng Việt thường không dùng từ này.

A.Rất quan trọng

B.Quan trọng

C.Bình thường

D.Không quan trọng lắm

E.Không quan trọng

Thông tin mà câu hỏi 19 đưa ra có cần thu nhận thông qua từ điển Hán ngữ hay không? (   )

A.Rất cần

B.Cần

C.Bình thường

D.Không cần lắm

E.Không cần

11. Nắm vững phương pháp biểu đạt sự cấm kị và tị húy trong tiếng Hán. (   )

Ví dụ: Trong tiếng Hán khi đề cập tới những thứ có liên quan tới chất thải, chất bài tiết như“大小便”(âm Hán Việt là đại tiểu tiện) sẽ thường dùng từ“方便”(âm Hán Việt là phương tiện).

A.Rất quan trọng

B.Quan trọng

C.Bình thường

D.Không quan trọng lắm

E.Không quan trọng

Thông tin mà câu hỏi 21 đưa ra có cần thu nhận thông qua từ điển Hán ngữ hay không? (　　)

A.Rất cần

B.Cần

C.Bình thường

D.Không cần lắm

E.Không cần

12. Nắm vững quy tắc ngữ pháp tiếng Hán, đặc biệt là những trường hợp cách dùng tiếng Hán và tiếng Việt khác nhau. (　　)

Ví dụ: Lượng từ trùng điệp của tiếng Hán biểu thị“多” (nhiều), “每” (mỗi), như“张张照得都漂亮” ý nghĩa là “mỗi tấm ảnh đều đẹp”, trong tiếng Việt không có cách dùng này. Thứ tự của định ngữ và từ trung tâm đó là “định ngữ + trung tâm ngữ” (我的猫 / mèo của tôi), nhưng trong tiếng Việt lại ngược lại. Cụm từ "是……的" biểu thị nhấn mạnh phương thức hoặc thời gian, ví dụ "我是去年来的中国", trong tiếng Việt không có kiểu câu này.

A.Rất quan trọng

B.Quan trọng

C.Bình thường

D.Không quan trọng lắm

E.Không quan trọng

Thông tin mà câu hỏi 23 đưa ra có cần thu nhận thông qua từ điển Hán ngữ hay không? (　　)

A.Rất cần

B.Cần

C.Bình thường

D.Không cần lắm

E. Không cần

13. Nắm vững quy luật cấu tạo từ của từ vựng tiếng Hán.

Ví dụ: Từ "家" (gia) có thể cấu thành"演奏家" (nhà diễn tấu),"画家" (họa gia),"书法家" (thư pháp gia). (　　)

A.Rất quan trọng

B.Quan trọng

C.Bình thường

D.Không quan trọng lắm

E.Không quan trọng

Thông tin mà câu hỏi 25 đưa ra có cần thu nhận thông qua từ điển Hán ngữ hay không? (　　)

A.Rất cần

B.Cần

C.Bình thường

D.Không cần lắm

E.Không cần

14. Nắm vững số lượng lớn từ vựng của tiếng Hán. (　　)

A.Rất quan trọng

B.Quan trọng

C.Bình thường

D.Không quan trọng lắm

E.Không quan trọng

Thông tin mà câu hỏi 27 đưa ra có cần thu nhận thông qua từ điển Hán ngữ hay không? (　　)

A.Rất cần

B.Cần

C.Bình thường

D.Không cần lắm

E.Không cần

V.Nhu cầu về nội dung trình bày của từ điển

Căn cứ theo tình hình thực tế của bản thân để tiến hành lựa chọn, có cần trình bày như vậy không?

1.Có cần chức năng tra cứu bằng cách dùng camera của di động hoặc máy tính bảng để quét những từ không biết để thu nhận thông tin hay không?

Ví dụ: Ấn vào phím "  " rồi quét từ cần tra cứu, có thể tra ra cách phát âm và lời giải thích. (　　　)

A.Rất cần

B.Cần

C.Bình thường

D.Không cần lắm

E.Không cần

2.Trong từ điển có cần cài đặt chức năng ghi âm sau khi người sử dụng đọc theo chữ phát ra hay không?

Ví dụ: Ấn vào phím "", đối với những từ hoặc câu chữ không biết, người sử dụng có thể đọc ra rồi từ điển giúp xác định xem phát âm có đúng hay không? (　　)

A.Rất cần

B.Cần

C.Bình thường

D.Không cần lắm

E.Không cần

3.Trong từ điển có cần cài đặt cách trình bày hình ảnh flash động về thứ tự nét viết của chữ Hán hay không? (　　)

A.Rất cần

B.Cần

C.Bình thường

D.Không cần lắm

E.Không cần

4.Trong từ điển có cần hiển thị các phương án phối hợp điển hình của từ ở trước hoặc phía trên câu ví dụ hay không? (　　)

Ví dụ：từ 输入

输入 + 宾语（血液 / 资本 / 商品 / 技术等两个字的词），如：医生向病人体内输入了血液。

A.Rất cần

B.Cần

C.Bình thường

D.Không cần lắm

E.Không cần

5.Trong từ điển có cần hiển thị cách thức cú pháp thường xuất hiện của từ này ở trước hoặc phía trên câu ví dụ hay không? (　　)

Ví dụ: từ 赎

（把＋宾语）＋赎＋回来，如：等我有了钱，我一定把这幅画从当铺赎回来。

A.Rất cần

B.Cần

C.Bình thường

D.Không cần lắm

E.Không cần

6.Trong từ điển có cần dùng hộp thoại chuyên để trình bày những từ dễ nhầm lẫn hay không? (　　)

Phân tích so sánh：树立 với 建立

Từ ngữ	Loại từ	Cách dùng	Câu ví dụ
树立	V	1.Những từ mà nó phối hợp cùng là từ trừu tượng, và có ý nghĩa tốt.	这位员工为我们树立了榜样。

续表

Từ ngữ	Loại từ	Cách dùng	Câu ví dụ
建立	V	1.Những từ mà nó phối hợp cùng có thể là từ chỉ tổ chức cụ thể nào đó, ví dụ như “学院” (học viện)、“国家”(quốc gia); 2.Cũng có thể là từ trừ tượng, ví dụ như“友谊”(hữu nghị)、“外交关系”(quan hệ ngoại giao)、“感情”(tình cảm).	1.1949年建立了新中国。 2.我和小王建立了深厚的友谊。

A.Rất cần

B.Cần

C.Bình thường

D.Không cần lắm

E.Không cần

7.Trong từ điển có cần dùng hộp thoại chuyên đề trình bày những hậu tố có khả năng tạo từ mạnh và những từ hợp thành tương ứng hay không? (　　)

A.Rất cần

B.Cần

C.Bình thường

D.Không cần lắm

E.Không cần

8.Trước phần giải thích nghĩa có cần nhãn riêng để làm nổi bật tình huống sử dụng, màu sắc tình cảm, lĩnh vực thích hợp, cấp bậc HSK của từ ngữ hay không?（　　）

Ví dụ:

例如：< 口 >biểu thị thường dùng trong khẩu ngữ；< 褒 >biểu thị ý nghĩa màu sắc tình cảm mang tính tích cực；< 医 >biểu thị thường dùng trong y học.

A.Rất cần

B.Cần

C.Bình thường

D.Không cần lắm

E.Không cần

9.Trong từ điển có cần cung cấp hộp thoại cảnh báo về lỗi sai mà người sử dụng mắc phải hay không?（　　）

Ví dụ:(1) Cảnh báo lỗi sai về chữ Hán: “周末”không được viết thành “周未”; “厉害” không được viết thành “历害”; “欢迎” không được viết thành “观迎” .

(2)Cảnh báo lỗi sai về cú pháp: “我家养了一只猫” không được nói là “我家有养一只猫” .

(3)Cảnh báo lỗi sai về dùng từ ngữ: Thầy cô mời học sinh đến nhà ăn cơm, học sinh trả lời “您下次再请我吧！”(Thầy/cô lần sau mời em nhé!), như vậy câu trả lời của học sinh là không có lễ phép, trong tình huống này học sinh dùng ngôn ngữ từ chối không thỏa đáng, vì những phương thức biểu đạt như vậy chỉ dùng trong quan hệ bằng vai với nhau.

(4)Cảnh báo về lỗi sai từ ngữ: Có thể dùng hộp thoại cảnh báo trình bày như sau:

Cảnh báo！见面

√我真想跟李老师见面。

X 我真想见面李老师！

A.Rất cần

B.Cần

C.Bình thường

D.Không cần lắm

E.Không cần

10.Ngôn ngữ dùng để giải thích trong từ điển có cần dịch ra tiếng Việt hay không?（　　）

A.Rất cần

B.Cần

C.Bình thường

D.Không cần lắm

E.Không cần

11.Khi giải thích ý nghĩa hoặc cách dùng từ ngữ, trong từ điển có cần bố trí nguồn hình ảnh, video hoặc âm thanh tương ứng hay không? (　　)

Ví dụ: 龙

 这是一条龙。

A.Rất cần

B.Cần

C.Bình thường

D.Không cần lắm

E.Không cần

12.Đối với hình thức ví dụ, ngoài ví dụ từ ngắn hay câu thường gặp, có cần kèm thêm hình thức đối thoại hay không? (　　)

Ví dụ: 怪不得

A：我怎么没看见玛丽？

B：她今天生病了。

A：怪不得今天没来上课。

A.Rất cần

B.Cần

C.Bình thường

D.Không cần lắm

E.Không cần

13.Trong ví dụ có cần chú thích thêm phiên âm hay không? (　　)

A.Rất cần

B.Cần

C.Bình thường

D.Không cần lắm

E.Không cần

14.Ví dụ có cần dịch ra tiếng Việt hay không? (　　)

A.Rất cần

B.Cần

C.Bình thường

D.Không cần lắm

E.Không cần

15.Trong từ điển có cần cung cấp trang phụ bản về cách biểu đạt một số hành vi giao tiếp ngôn ngữ hay không? (　　)

Ví dụ:

Biểu đạt xin lỗi

1.Xin lỗi thường ngày

Đa phần dùng trong trường hợp sự tình không quá nghiêm trọng, chủ yếu là trong khẩu ngữ, có thể dùng giữa những người quen hoặc người lạ.

Hình thức: 对不起、不好意思、抱歉……

Đáp lại: 没关系、没事儿……

So sánh: "对不起" là thuật ngữ xin lỗi thường dùng, có thể dùng trong tình huống nghiêm trọng, mà cũng có thể dùng trong tình huống không nghiêm trọng, tuần suất sử dụng tương đối cao; "抱歉" dùng cho tình huống không quá nghiêm trọng, thường dùng ở nơi công khai; "不好意思" dùng trong tình huống mà sự tình rất nhỏ.

Ví dụ: (1) (Không cẩn thận va vào người khác) 对不起啊。

(2) (Sai sót trong công việc) 这次工作失误是我的责任，对不起大家。

(3) (Muộn họp) 抱歉，让大家久等了。

(4) (Không nghe thấy người khác gọi mình) 不好意思啊，我刚才没听到你喊我。

2.Xin lỗi chính thức

Đa phần dùng trong trường hợp sự tình tương đối nghiêm trọng; có thể dùng trong văn nói hoặc văn viết.

Hình thức: 对不起，向（某某）道歉，向（某某）表示歉意

Ví dụ: (1) 我代表公司，向用户表示深深的歉意。

(2) 这件事是我的错，我郑重向你道歉。

3.Nâng cao mức độ xin lỗi

Đa phần dùng trong trường hợp sự tình tương đối nghiêm trọng, cần tăng thêm mức độ xin lỗi, thông thường thông qua một số phương pháp để gia tăng sự xin lỗi.

(1)Dùng phó từ chỉ mức độ. Ví dụ như: 真对不起、实在不好意思、深深的歉意……

(2)Ngoài xin lỗi còn kèm theo bình luận. Bao gồm: nhận sai, đền bù, xin thứ lỗi, giải thích nguyên nhân, v.v...

Ví dụ: 不好意思啊，今天是我的错，我请你吃饭。

抱歉，我迟到了，请大家原谅。

我向全体同事郑重道歉，我不遵守公司规定造成公司损失，请大家原谅。

A.Rất cần

B.Cần

C.Bình thường

D.Không cần lắm

E.Không cần

16.Trong từ điển có cần cung cấp trang phụ bản về cách dùng một số cách thức cú pháp đặc biệt?（　　）

A.Rất cần

B.Cần

C.Bình thường

D.Không cần lắm

E.Không cần

17.Trong từ điển có cần xây dựng diễn đàn học tập để giải thích thắc mắc hay không?（　　）

A.Rất cần

B.Cần

C.Bình thường

D.Không cần lắm

E.Không cần

18.Sau mục từ có cần kèm thêm một bài tập tương ứng hay không?（　　）

A.Rất cần

B.Cần

C.Bình thường

D.Không cần lắm

E.Không cần

19.Trong từ điển có cần thiết kế mục từ mới giúp bạn ôn tập những từ đã từng tra không? (　　　)

A.Rất cần

B.Cần

C.Bình thường

D.Không cần lắm

E.Không cần

20.Bạn hãy viết ra một số kiến nghị hoặc yêu cầu đối với từ điển Hán ngữ, xin cảm ơn!

____

____

面向越南汉语学习者的词典使用与需求的调查

一、基本信息

1. 国籍：(　　　)

2. 母语：(　　　)

3. 是否华裔：(　　　)

A. 是

B. 否

4. 目前的状态：(　　　)

A. 在大学学习，专业是（　　　）

B. 正在工作，从事（　　　）工作

C. 其他（　　　）

5. 学习汉语多长时间：(　　)

6. 在哪学过汉语：(　　)

A. 中国

B. 越南

C. 其他国家

7. 现在是否正在学习汉语：(　　)

A. 是

B. 否

8. 汉语水平：(　　)

A. 初级

B. 中级

C. 高级

9. 是否参加过 HSK 考试：

A 是（　　）级

B. 否

10. 为什么学习汉语：

____

____

二、使用评价

1. 拥有汉语词典的数量（　　）

A.1 本

B.2 本

C.2 本以上

2. 您经常使用的汉语词典属于（　　）

A. 电子词典

B. 手机词典

C. 纸质词典

D. 在线词典

3. 请写出常用汉语词典的名称，并做出评价。

1）汉语词典名称是（　　）

2）这本汉语词典是（　　）

A. 朋友推荐

B. 老师推荐

C. 自己找到的

3）按照“完全达到”到“完全达不到”（从 4 到 0）评价你使用的汉语词典，在相应的分数下面打“√”，如果你使用的词典没有相应的内容，请在“0”处打“√”。

序号	评价角度	完全达到				完全达不到
		4	3	2	1	0
1	带着很方便					
2	词典免费，或者非常便宜					
3	词典排版清楚、美观					
4	检索很方便					
5	有汉字书写笔顺的展示					
6	汉字或词有人工发音					
7	收词很多					
8	词语收录的意思很多					
9	标出词性，并且很准确					
10	翻译很准确					
11	解释所查词的语言容易理解					
12	例句很多					
13	例句的语言容易理解					
14	例句清楚地展示了词语的意思和用法					
15	有近义词用法的说明					
16	有反义词的说明					
17	有词语搭配的说明					
18	有词语使用场合的说明					
19	有补充说明词义或用法的插图					
20	有中国文化的介绍					
21	可以帮助我扩大词汇量					
22	可以帮助我复习汉语的词汇					
23	有一定的练习					
24	标注HSK考试等级					

三、使用策略

1. 是谁教你如何使用汉语词典的？（　　）

A. 老师

B. 朋友

C. 自学

D. 其他

2. 你是否阅读过词典的使用说明和方法？（　　）

A. 不会

B. 很少会

C. 有时会

D. 常常会

E. 总是会

3. 你一般在什么场合使用汉语词典？（多选）（　　）

A. 听

B. 说

C. 阅读

D. 写作

E. 翻译

4. 在学习汉语过程中，哪些环节你会使用汉语词典？（多选）（　　）

A. 课前预习

B. 课堂学习

C. 复习

D. 课后做作业或练习

E. 跟人聊天

F. 其他

5. 你使用词典主要查什么？（多选）(　　)

A. 字的写法

B. 读音

C. 意思

D. 搭配

E. 近义词的区别

F. 文化意义

G. 词性

H. 其他

6. 当一次词的意思很多时，你大多数情况怎么选择？（　　）

A. 选第一个

B. 每个都看，再做选择

C. 结合例句选择

D. 问老师帮助判断

E. 问朋友帮助判断

F. 其他

7. 你大多数情况如何判断词语的用法？（　　）

A. 看词性

B. 看例句

C. 看词语对应的翻译

D. 其他

8. 查过的词你会总结在一起复习吗？（　　）

A. 不会

B. 很少会

C. 有时会

D. 常常会

E. 总是会

9. 我认为我可以熟练地使用汉语词典。（　　）

A. 非常同意

B. 同意

C. 一般

D. 不同意

E. 非常不同意

10. 通过使用汉语词典，培养了我独立学习汉语的能力。(　　)

A. 非常同意

B. 同意

C. 一般

D. 不同意

E. 非常不同意

四、词典内容需求

请根据自己的实际情况选择以下学习项目的重要程度，以及是否需要从汉语词典中获取这些信息。

1. 掌握标准的汉语发音。(　　)

A. 非常重要

B. 重要

C. 一般

D. 不太重要

E. 不重要

这个问题中提到的信息是否需要从汉语词典获取？（　　）

A. 非常需要

B. 需要

C. 一般

D. 不太需要

E. 不需要

2. 掌握汉字书写的顺序。(　　　)

A. 非常重要

B. 重要

C. 一般

D. 不太重要

E. 不重要

这个问题中提到的信息是否需要从汉语词典获取？(　　　)

A. 非常需要

B. 需要

C. 一般

D. 不太需要

E. 不需要

3. 掌握汉语词语的典型搭配。(　　　)

A. 非常重要

B. 重要

C. 一般

D. 不太重要

E. 不重要

这个问题中提到的信息是否需要从汉语词典获取？（　　）

A. 非常需要

B. 需要

C. 一般

D. 不太需要

E. 不需要

4. 掌握易混淆词（包括汉越词、近义词、同音词、形近词）的异同。（　　）

例如：在汉语中“心事”是名词，对应的汉越词“tâm sự”还可以当动词。

A. 非常重要

B. 重要

C. 一般

D. 不太重要

E. 不重要

这个问题中提到的信息是否需要从汉语词典获取？（　　）

A. 非常需要

B. 需要

C. 一般

D. 不太需要

E. 不需要

5. 掌握汉语词语的使用场合（是正式场合还是非正式场合，是口语还是书面语）。(　　)

例如：在越南语中“tốt nghiệp”可用于书面语和口语，对应的汉语词“卒业”却是书面语。

A. 非常重要

B. 重要

C. 一般

D. 不太重要

E. 不重要

这个问题中提到的信息是否需要从汉语词典获取？(　　)

A. 非常需要

B. 需要

C. 一般

D. 不太需要

E. 不需要

6. 掌握汉语词语的基本意思。(　　)

A. 非常重要

B. 重要

C. 一般

D. 不太重要

E. 不重要

这个问题中提到的信息是否需要从汉语词典获取？（ ）

A. 非常需要

B. 需要

C. 一般

D. 不太需要

E. 不需要

7. 掌握汉语词语的文化意义，尤其是汉越文化意义不同的情况。（ ）

例如：在中国，去看病人的时候，中国人都不把梨送给病人，因为“梨”和“离”音同，表示离别。在汉语中颜色词“黄”是比较敏感的颜色（如黄色电影），但越南文化中却没有这个意义，越南有黄色音乐或者叫黄歌，是指抒情音乐。

A. 非常重要

B. 重要

C. 一般

D. 不太重要

E. 不重要

这个问题中提到的信息是否需要从汉语词典获取？（ ）

A. 非常需要

B. 需要

C. 一般

D 不太需要

E. 不需要

8. 掌握专业领域（如商贸、法律、医学等）的汉语词汇。（　　）

A. 非常重要

B. 重要

C. 一般

D. 不太重要

E. 不重要

这个问题中提到的信息是否需要从汉语词典获取？（　　）

A. 非常需要

B. 需要

C. 一般

D. 不太需要

E. 不需要

9. 掌握汉语中面对不同对象、不同场合的言语行为表达法（例如如何拒绝、赞美、抱怨等），使自己的汉语表达更得体。（　　）

例如：赞美别人家的孩子，可以说“你家的孩子真可爱”。

A. 非常重要

B. 重要

C. 一般

D. 不太重要

E. 不重要

这个问题中提到的信息是否需要从汉语词典获取？（　　）

A. 非常需要

B. 需要

C. 一般

D. 不太需要

E. 不需要

10. 掌握汉语称谓语的用法（如面对不同对象，如何正确称呼）。（　　）

例如：在汉语中，称呼自己的丈夫为“先生”是一种比较文雅的说法，“这位是我先生”。越南语一般不用这个词。

A. 非常重要

B. 重要

C. 一般

D. 不太重要

E. 不重要

这个问题中提到的信息是否需要从汉语词典获取？（　　）

A. 非常需要

B. 需要

C. 一般

D. 不太需要

E. 不需要

11. 掌握汉语中表达禁忌和避讳的方法。(　　)

例如：在汉语中，表达想去厕所，常说“我去方便一下”。

A. 非常重要

B. 重要

C. 一般

D. 不太重要

E. 不重要

这个问题中提到的信息是否需要从汉语词典获取？（　　）

A. 非常需要

B. 需要

C. 一般

D. 不太需要

E. 不需要

12. 掌握汉语语法的规则，尤其是汉越不同的语法项目。(　　)

例如：汉语量词重叠表示“多”“每”，“张张照得都漂亮”意思是“每张照片都漂亮”，越南语没有这种用法。汉语定语和中心语的语序是“定语＋中心语”（我的猫），越南语相反。汉语“是……的”表示强调方式、时间等，“我是去年来的中国”，越南语没有这种句式。

A. 非常重要

B. 重要

C. 一般

D. 不太重要

E. 不重要

这个问题中提到的信息是否需要从汉语词典获取？（　　）

A. 非常需要

B. 需要

C. 一般

D. 不太需要

E. 不需要

13. 掌握汉语词汇的构词规律。（　　）

例如：在汉语中，“家”可以构成“演奏家”“画家”“书法家”。

A. 非常重要

B. 重要

C. 一般

D. 不太重要

E. 不重要

这个问题中提到的信息是否需要从汉语词典获取？（　　）

A. 非常需要

B. 需要

C. 一般

D. 不太需要

E. 不需要

14. 掌握大量的汉语词汇。(　　)

A. 非常重要

B. 重要

C. 一般

D. 不太重要

E. 不重要

这个问题中提到的信息是否需要从汉语词典获取？（　　）

A. 非常需要

B. 需要

C. 一般

D. 不太需要

E. 不需要

五、词典呈现需求

请根据自己的实际情况进行选择，是否需要这样呈现？

1. 是否需要通过手机或平板电脑摄像头扫描不认识的词来获取相应信息的查找功能？（　　）

例如：点击按钮“”后扫描所查找的词，可以查到相应的发音或解释。

A. 非常需要

B. 需要

C. 一般

D. 不太需要

E. 不需要

2. 是否需要在词典中设置使用者跟读字词后录音的功能？（　　）

例如：点击按钮“”，对于不认识的字词句，使用者读后，词典可以帮助判断发音是否准确。

A. 非常需要

B. 需要

C. 一般

D. 不太需要

E. 不需要

3. 是否需要在词典中安装汉字 flash 动态展示汉字的书写顺序？（　　）

A. 非常需要

B. 需要

C. 一般

D. 不太需要

E. 不需要

4. 是否需要在词典中例句上方或前面列出词语的典型搭配？（　　）

例如：输入 +O（血液 / 资本 / 商品 / 设备 / 劳务 / 技术等两个字的词）。医生向病人体内及时输入了血液。

A. 非常需要

B. 需要

C. 一般

D. 不太需要

E. 不需要

5. 是否需要在词典中例句上方或前面呈现该词经常出现的句法格式？（　　）

例如：赎（把 +sth.+）赎 + 回来 / 清。

等我有了钱，我一定把这块手表从当铺赎回来。

A. 非常需要

B. 需要

C. 一般

D. 不太需要

E. 不需要

6. 是否需要在词典中用专门的对话框呈现易混淆词？（　　）

辨析：树立 VS 建立

词语	词性	用法	例句
树立	V	1.搭配的词多是抽象的、好的。	这位英雄为我们树立了榜样。
建立	V	1.搭配的词可以是具体的某个组织，如“学院”“国家”； 2.也可以是抽象的，如“友谊”“外交关系”“感情”。	1.1949年建立了新中国。 2.我们俩建立了深厚的友谊。

A. 非常需要

B. 需要

C. 一般

D. 不太需要

E. 不需要

7. 是否需要在词典中用专门的对话框呈现构词能力强的词缀及相应组成的词？（　　）

A. 非常需要

B. 需要

C. 一般

D. 不太需要

E. 不需要

8. 在释义前是否需要专门的标签突出词语的使用场合、感情色彩、适用专业领域、HSK 等级等？（　　）

例如：< 口 > 表示常用于口语；< 褒 > 表示表达积极的感情色彩意义；< 医 > 表示常用于医学领域。

A. 非常需要

B. 需要

C. 一般

D. 不太需要

E. 不需要

9. 是否需要在词典中提供关于学习者偏误的提示框？（　　）

例如:（1）汉字错误提示:“周末” 不能写成 “周未”;“厉害” 不能写成 “历害”;“欢迎” 不能写成 “观迎”。（2）句法错误提示:“我家养了一只猫” 不能说成 “我家有养一只猫”。（3）语用错误提示:老师邀请学生去他家吃饭，学生回答 “您下次再请我吧！” 是没有礼貌的回答，在这种情景下是不恰当的拒绝语言，因为这些表达方式多用于平等地位的人之间。（4）词语错误提示：可以用提示框呈现如下：

见面

√我真想跟李老师见面。

X我真想见面李老师！

A. 非常需要

B. 需要

C. 一般

D. 不太需要

E. 不需要

10. 在词典中词语解释语言是否需要翻译成越南语？（　　）

A. 非常需要

B. 需要

C. 一般

D. 不太需要

E. 不需要

11. 在词典中，解释词语意思或用法是否需要配备相应的图片、动图、视频或音频资源？（　　）

例如：龙

这是一条龙。

A. 非常需要

B. 需要

C. 一般

D. 不太需要

E. 不需要

12. 例证的形式除了常见的短语例、句子例，还需要对话体吗？（　　）

例如：怪不得

甲：我怎么没看见玛丽？

乙：她今天生病了。

甲：怪不得今天没来上课。

A. 非常需要

B. 需要

C. 一般

D. 不太需要

E. 不需要

13. 例证是否需要加注拼音？（　　）

A. 非常需要

B. 需要

C. 一般

D. 不太需要

E. 不需要

14. 例证是否需要翻译成越南语？（　　）

A. 非常需要

B. 需要

C. 一般

D. 不太需要

E. 不需要

15. 在词典中，是否需要提供一些表达言语交际行为方法的用法插页？（　　）

例如：

表达道歉

1. 日常道歉

多用于事情不太严重的情况；多用于口语中；可以用于熟悉的人或陌生人之间。

形式：对不起、不好意思、抱歉……

回应：没关系、没事儿……

比较："对不起"是通用的道歉用语，可以用于"情况严重"的情况，也可以用于"情况不严重"的情况，使用频率最高；"抱歉"用于"事情不太严重"的情况，常用于公开场合；"不好意思"用于

“事情很小”的情况。

例:(1)(不小心碰到别人)对不起啊。

(2)(工作失误)这次工作失误是我的责任，对不起大家。

(3)(开会迟到)抱歉，让大家久等了。

(4)(没听到对方喊自己)不好意思啊，我刚才没听到你喊我。

2. 正式道歉

多用于“事情比较严重”的情况；可用于口语或书面语。

形式：对不起，向（某某）道歉，向（某某）表示歉意

例:(1)我代表公司，向用户表示深深的歉意。

(2)这件事是我的错，我郑重向你道歉。

3. 提高道歉程度

多用于“事情比较严重”的情况，需要加强道歉的程度，一般通过一些方法来加强道歉。

(1)使用程度副词。例：真对不起、实在不好意思、深深的歉意……

(2)道歉之外加上评论。包括：承认错误、做出补偿、请求原谅、解释原因，等等。

例:(1)不好意思啊，今天是我的错，我请你吃饭。

(2)抱歉，我迟到了，请大家原谅。

(3)我向全体同事郑重道歉，我不遵守公司规定造成公司损失，请大家原谅。

A. 非常需要

B. 需要

C. 一般

D. 不太需要

E. 不需要

16. 在词典中，是否需要提供一些汉语特殊句法格式的用法插页？（　　）

A. 非常需要

B. 需要

C. 一般

D. 不太需要

E. 不需要

17. 在词典中，是否需要建立学习论坛答疑解惑？（　　）

A. 非常需要

B. 需要

C. 一般

D. 不太需要

E. 不需要

18. 词条后面是否需要配备相应的练习题？（　　）

A. 非常需要

B. 需要

C. 一般

D. 不太需要

E. 不需要

19. 在词典中，是否需要内置生词本帮助你复习查过的字或词？（　　）

A. 非常需要

B. 需要

C. 一般

D. 不太需要

E. 不需要

20. 如果你对汉语词典还有其他建议或者需求，请写在下面，谢谢！

____

____